Carsten Rasmus
Bettina Rasmus

Berliner Umland West

1. Auflage

KlaRas-Verlag

Auf in die Mark Brandenburg!

Die Reihe für Brandenburg

Herausgeber: Bettina & Carsten Rasmus
Autoren: Carsten & Bettina Rasmus

Wir bedanken uns bei
Monika & Manfred Klaehne, Susanne Werner & Bodo Lipski,
Jürgen Rezat, Gabi Weiß, Günter Kneiding, Stefan Kolodzej,
Erdmuthe & Günter Großpietsch, Carlotta Schmiereck und Antje Rasmus
sowie Merle, Lilly & Lina
für die *schönen gemeinsamen Touren* und
die Geduld *beim Arrangieren der Fotos*

sowie bei Antje & Axel Rasmus und Angela Beck
für die *kritische Durchsicht der Texte*.

Titelfoto: Am Stadtschloss in Potsdam (großes Foto)
Seite 3: An Der Havel, gegenüber die Sacrower Heilandskirche
Gestaltung, *Kartografie* sowie *Fotos* von Carsten Rasmus

Alle Touren wurden nach derzeitiger Informationslage sehr gewissenhaft ausgewählt und beschrieben. Es können jedoch Änderungen an den Wegen und in der Landschaft eintreten, die nicht vorhersehbar waren. Auch kann sich die Beschaffenheit der Wege ändern, worauf alle Nutzer achten müssen. Eine rechtliche Gewähr für die Richtigkeit des Inhalts der Texte und der in der Karten verzeichneten Wege kann daher nicht übernommen werden. Die Benutzung dieses Tourenbuches erfolgt ausschließlich auf eigene Gefahr, also eigenverantwortlich. Eine Haftung für eventuell entstehende Schäden oder etwaige Unfälle übernehmen wir nicht. Ebenso wurden die genannten Post- und Internetadressen und Telefonnummern sorgfältig recherchiert. Es gibt jedoch leider hin und wieder kurzfristige Änderungen. Für Internetseiten, auf die wir im Text verweisen, tragen ausschließlich die jeweiligen Anbieter die Verantwortung.

Für Verbesserungsvorschläge, Anregungen und Kritik sind wir dankbar (KlaRas-Verlag, Schumpeterstr. 25, 12309 Berlin, ☎ (0 30) 7 44 03 26, e-Mail: info@klaras-verlag.de).

Die Deutsche Bibliothek verzeichnet diese Publikation in der Deutschen Nationalbibliografie; detaillierte Daten sind unter dnb.ddb.de abrufbar.

ISBN 978-3-933135-34-6

Gedruckt in Berlin bei der Westkreuz-Druckerei Ahrens KG (westkreuz.de)
Gebunden in Berlin bei der Bruno Helm Buchbinderei (buchbinderei-helm.de)

Tourenübersicht

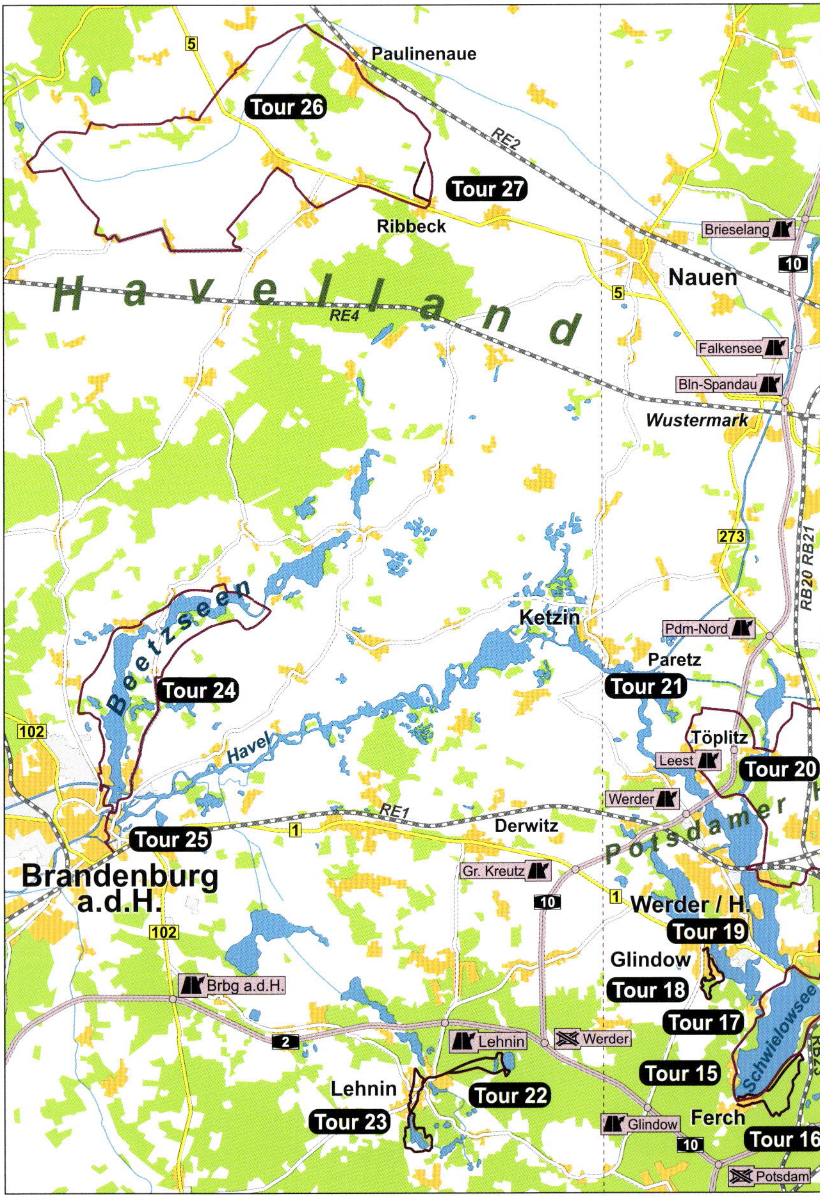

Tourenübersicht

Inhaltsverzeichnis

Einleitung

Spandau und Osthavelland

Döberitzer Heide

Potsdamer Havellandschaft

Inhaltsverzeichnis

Auf ins westliche Berliner Umland

Potsdam, Wannsee, Spandau – etliche weithin bekannte Orte und zugleich gern besuchte Ausflugsziele liegen am westlichen Berliner Stadtrand und im stadtnahen Umland. Die brandenburgische Landeshauptstadt Potsdam zählt zu den deutschlandweit berühmtesten Orten und zieht Jahr für Jahr hunderttausende Touristen an – kein Wunder, die Spuren, die die knapp 250 Jahre währende Zeit der Hohenzollernregentschaft in der Stadt und ihrer Umgebung hinterlassen hat, sind großartig. So großartig, dass die UNESCO Teile der Stadt zum Weltkulturerbe erklärt hat. Teil dieses Welterbes sind auch die an der Havel gelegenen Schlösser und Parks in Berlin. Eine Landesgrenze gab es beim Wachsen der Schlösser- und Parklandschaft nicht, sie kam erst später – und in der Zeit der Deutschen Teilung mit voller Härte. Das ist passé und: Wo fast 30 Jahre lang Stacheldraht und Todesstreifen das Bild beherrschten, verläuft heute einer der beliebtesten Touristenwege Deutschlands überhaupt: der Berliner Mauerweg. Er ist zu einem einzigartigen Bindeglied geworden, oft frei von motorisiertem Verkehr, gut beschildert und voller Attraktionen und besonderer Stationen. Gut ausgebaute und ausgeschilderte Wege gibt es im westlichen Umland noch etliche mehr. Ein Klassiker ist der Rundweg um den Schwielowsee. Er verläuft am Westufer deckungsgleich mit dem Europäischen Radfernweg R1. Sehr beliebt ist zudem der Havelradweg, der ebenso durch die Region führt wie der Havellandradweg. In Spandau und Falkensee nimmt man die Belange des Tourismus inzwischen so ernst, dass ein gemeinsamer Raum geschaffen wird, der Regionalpark Osthavelland-Spandau. Die Früchte der Bemühungen sind bereits heute zu sehen.

Typisch Potsdamer Havelseen: Mandarinenten

Doch nicht nur die Wege aus der Stadt aufs Land hinaus sind in den Jahren nach der politischen Wende immer besser und attraktiver geworden, mehrere S- und Regionalbahnlinien erschließen die Region – man kann also bequem aus dem Zug steigen und zu einer Tour in die herrliche märkische Landschaft starten.

Zu bieten hat das Umland eine Menge: Vieles spannt sich entlang der Havel, die sich im Gebiet der Schlösser- und Parklandschaft mehrmals zu Seen aufweitet, durch reizvolle Promenaden erschlossen wird und bisweilen mit prächtigen Fernblicken aufwartet. Hinter der „Insel Potsdam" gewinnt die Natur die Oberhand, Röhrichte und Bruchwälder säumen den träge strömenden Fluss, dahinter erstrecken sich Wiesen, Weiden, Äcker und bewaldete Hügel. Hier und da lugen Kirchtürme empor, und Alleen verbinden die Orte.

In der Geschichte des Landes spielte die Region schon frühzeitig eine Rolle. Die Stadt Brandenburg an der Havel war die erste mittelalterliche Stadtgründung östlich der Havel. Drei historische Stadtkerne bilden gemeinsam eine der reizvollsten Altstädte der ganzen Mark und damit immer ein lohnendes Ziel. Ebenso weit in die märkische Geschichte zurück reicht die Gründung des Zisterzienserklosters Lehnin. Das erste askanische Kloster entstand inmitten weiter, von Seen durchsetzter Wälder. Heute gehört der Ort zu einem der heute beliebtesten Wandergebiete im westlichen Umland – sommers stets mit Badesachen im Gepäck. Badeseen sind überhaupt ein Merkmal der Region, wie es natürlich viele weitere Ziele gibt, etwa den Storchenweg rund um die Beetzseen, den Barfußpfad von Ribbeck, das weite Havelland – aber schauen Sie selbst.

Aus der Fülle an Wegen und Zielen haben wir 27 Touren zusammengestellt, je neun Radtouren, Wanderungen und Spaziergänge. Sie sind als Rundtouren angelegt und meist mit der S- oder Regionalbahn erreichbar. Wenn erforderlich, haben wir die Busverbindungen angegeben. Aktuelle Infos zur besten Verbindung mit Radtransport, Abfahrts- und Ankunftszeiten und den erforderlichen Tarif finden sich unter vbb.de.

Wer mit dem Auto anfährt, findet am Beginn der Tourenbeschreibungen Angaben zu Parkplätzen, die mitunter kostenpflichtig sind. Apropos Kosten: Bei manchen Touren gehört eine Fährpartie dazu, auch sind in einigen Parks Eintrittsgelder zu zahlen; etwas Bargeld sollte also immer in der Tasche sein.

Die Radtouren und Wanderungen stellen normale Ansprüche an die Kondition, und die Länge lässt genügend Zeit zum Anhalten, Beobachten, Picknicken, zur Einkehr oder zum Baden. In die eigens für dieses Buch gefertigten Karten sind viele eigene Beobachtungen und Aufzeichnungen eingeflossen. So sind neben den üblichen Angaben von Badestellen, Rastplätzen usw. auch Standorte von Infotafeln oder Buswartehäuschen verzeichnet – gut für alle, die einmal von einer Husche überrascht werden. Korrespondierend zur Karte haben wir die Tour in Kürze beschrieben. Gefahrenpunkte sind hier ebenso erwähnt, wie mögliche Abstecher oder Abkürzungen. Angegeben sich zugleich die Entfernungen zum nächsten Wegpunkt. Für Nutzer von GPS-Geräten bieten wir außerdem die Tracks der Touren zum Download auf unserer Internetseite (klaras-verlag.de) an. Die Tracks haben wir im Gelände aufgezeichnet und später nachbearbeitet. Auf jeder Karte ist in der Legende der Name der Track-Datei angegeben.

Wir laden Sie ein, mit diesem Buch Land und Leute kennen zu lernen – und wünschen Ihnen immer den nötigen Rückenwind und Sonnenschein!

Am Stadtschloss Potsdam

Zur Hirschkopfeiche in Schönwalde

32,5km

Schöne Anblicke in Schönwalde: Auf der einen Seite der Schwanenkrug, ein heller Fachwerkbau mit Vorlaube, über 200 Jahre alt. Auf der anderen eine Gruppe von alten Eichen mit tief aufgerissener Borke, mächtigen Stämmen und teils bizarren Kronen. Eine der Eichen hat sogar einen eigenen Namen: Hirschkopfeiche.

Für mehrere Jahrzehnte war es Berlinern aus dem Westteil der Stadt unmöglich, eine Radtour nach Schönwalde zu unternehmen. Seit dem Fall der Mauer ist dies wieder möglich, und dank der vielen Wege, die seitdem auch für Radfahrer geschaffen wurden, ermöglicht die Strecke dorthin sogar entspanntes und genussvolles Radeln. Zu diesen den Radfahrern vorbehaltenen Verbindungen gehören auch die einstigen Wege entlang der Mauer, der Zollweg auf der politischen West- und der Kolonnenweg auf der Ostseite. Beide sind entlang der Stadtgrenze in Staaken, im Spandauer Forst und um Eiskeller in längeren Abschnitten erhalten und bieten damit auch Anknüpfungspunkte zur jüngeren deutschen Geschichte. Infotafeln und Gedenkstelen veranschaulichen die Grenzsituation, von der nichts mehr zu spüren ist.

Die vergleichsweise leichte Tour hat fast keine Höhenunterschiede, lediglich im Spandauer Forst sind mehrere „Schippen Sand", wie eingefleischte Radfahrer die Dünen etwas augenzwinkernd nennen, zu meistern. Dazu ein Anstieg in den Papenbergen und zum Teufelsbruch – das war's. Die Strecke führt fast durchweg über Radwege oder abseits verlaufende Radrouten. Möglichkeiten zum Baden gibt es mehrmals, zur Einkehr ebenso.

★ Steinerne Brücke, Gasthof Schwanenkrug, Kirche u. Dorfkern Schönwalde (Abst.), versenkte Kähne Havel, Haveluferprom. mit Skulptur »Von Ufer zu Ufer«, Kirche, Dorfkern u. Mauer-Wachturm Nieder Neuendorf

G Spurensuche Mauer (kurzer Abst.), Mauer-Gedenkstein Steinerne Brücke, Mauer-Wachturm Nieder Neuendorf (hennigsdorf.de)

M Mauer-Wachturm Nieder Neuendorf (hennigsdorf.de)

Hirschkopfeiche und weitere Alteichen

Großer Spektesee, Spektelake, Kuhlaketeich

Am Kuhlaketeich

Strandbad Schönwalde-Siedlung (kurzer Abst.), Am Alten Strom Nieder Neuendorf, Bürgerablage

Spektegrünzug, Haveluferpromen. Nieder Neuendorf

Spektegrünzug, Haveluferpromen. Nieder Neuendorf, Kuhlaketeich

Spektegrünzug, Eiskeller (Abst.), Gasthof Schwanenkrug, Dorfanger Nieder Neuendorf, Jagdhs Bürgerablage, mehrere Gelegenheiten an der Schönwalder Allee und am Hohenzollernring

S5 (Strausberg-Nord - Spandau), U7 (Rudow - Rathaus Spandau), RE2 (Cottbus - Bln-Hbf - Bln-Spandau - Wittenberge), RE4 (Ludwigsfelde - Bln-Hbf - Rathenow), RE6 (Wittenberge - Hennigsdorf - Bln-Spandau), RB21 (Griebnitzsee - Pdm Hbf - Bln-Spandau - Bln-Hbf)

B1 (Bln-Mitte - Nauen, Heerstraße) bis Pichelsdorf, dort abbiegen in die Gatower Straße zum Bhf Spandau

P Galenstraße o. Hohenzollernring

Schwanenkrug in Schönwalde

Vom Trubel am **S- und R-Bahnhof Spandau** sind es nur ein paar Tritte bis in den idyllischen **Spektegrünzug**, der in den letzten Jahren für Radler und Spaziergänger immer attraktiver wurde. Vorbei am **Spektesee** und der Spektelake erreichen wir die **Falkenseer Chaussee**. Bis 1989 hätten wir die Mauer direkt neben uns gehabt, heute rauscht der Verkehr zwischen Spandau und Falkensee vorüber. In der Installation „Spurensuche Mauer", die auf dem ehemaligen Todesstreifen liegt, sind Zitate von Zeitzeugen zu lesen und veranschaulichen Fotos die einstige Grenzsituation.

Kurz darauf ist der **Spandauer Forst** erreicht. Auf dem einstigen Zollweg, zugleich Route des Berliner Mauerwegs, sind mehrere Dünen zu meistern, später wird das Gelände wieder flacher. **Eiskeller** war einst auf drei Seiten von der Mauer umgeben, heute gibt es mehrere Wege, die ins Märkische führen. Wir nehmen die alte, asphaltierte Verbindung, an der eine orange Stele aufragt, wie öfter am Mauerweg. Sie erinnert an einen Mauertoten, und der Text, der nur bei näherem Hinsehen lesbar ist, hebt jeden einzelnen aus der Anonymität heraus und beleuchtet ein wenig das persönliche Schicksal.

Am Ende ist die **Steinerne Brücke** erreicht, die Querung des Nieder Neuendorfer Kanals. Der Kanal wurde in Mauerzeiten in diesem Bereich nicht nur ein Stück nach Norden verlegt, seine Mündung in die Havel, einige Kilometer westlich, sogar verschüttet. Vorbei an einem Mauer-Denkmal sind wir

Spurensuche Mauer auf dem ehemaligen Todesstreifen

Mauerweg an der Havel bei Nieder Neuendorf

im Nu in **Schönwalde-Siedlung**. Mehrere alte Eichen am Wegrand künden bereits die größten Eichen des Osthavellands an, darunter die Hirschkopfeiche. Auf der gegenüberliegenden Straßenseite lockt der Schwanenkrug zur Pause, außerdem bietet sich nun ein Abstecher zum Strandbad an. Auf weiterhin teils linksseitigen Radwegen erreichen wir bald das zwischen Wiesen und Äckern liegende **Schönwalde-Dorf**, wenden uns aber noch vor der reizvollen Ortsmitte dem Radweg am **Havelkanal** zu. Auch der Kanal ist ein Produkt der deutschen Teilung, denn er bot DDR-Schiffern eine Verbindung zur Unteren Havel, ohne Wasserwege im Westteil Berlins nutzen zu müssen. Der glatte Asphalt des Radwegs bringt uns rasch zur **Havel**, die wir auf der über mehrere Kilometer neu angelegten **Nieder Neuendorfer** Uferpromenade zur Seite haben – keine Spur mehr von Todesstreifen. Vorbei an Rast- und Aussichtsplätzen und dem erhalten gebliebenen, heute als Museum genutzten Wachturm, verschwinden wir in den Papenbergen, einem geschützten Waldgebiet. Enge Kurven sind zu meistern, um die zu Hakenfelde gehörende, in einer Bucht gelegene **Badestelle Bürgerablage** zu erreichen.

Nun tauchen wir wieder in den **Spandauer Forst** ein, queren auf schmalem Pfad das Teufelsbruch und können kurz darauf Dam- und Schwarzwild in den Gehegen am **Kuhlaketeich** sehen. Entlang der rege befahrenen und teils von dicken Eichen gesäumten **Schönwalder Allee** teilen wir uns die straßenbegleitenden Wege mit den Fußgängern, dann sind es Radwege und kleinere Straßen, die uns zum **Spektegrünzug** zurückführen – der **S- und R-Bahnhof Spandau** ist nicht mehr fern.

1 S R **Spandau**: Ausg. Seegefelder Str. (Aufzug: Ausg. Bahnhofstr.) und links *Seegefelder Str.* (Ecke *Am Bahnhof Spandau*), dann rechts *Galenstr.* () ~ 340m ⇨ 2 links (Mittelinsel) Asphaltweg in Grünanlage (), Asphalt endet am **Spektegrünzug**: geradeaus Schotterweg, kurz darauf Gabelung links (Falkenhagener Feld) ~ 640m ⇨ 3 schräg links Asphaltweg (), am Ende *Spekteweg* links ~ 550m ⇨ 4 geradewegs über *Zeppelinstr.*, 30m weiter schräg links (Verbundpflaster), diesem am linken Rand der Grünanlage folgen, am Ende Rechtsknick ~ 1,1km ⇨ 5 links *Spekteweg*, um übers Bahngleis, dann links und gleich schräg rechts, am Ende T-Kreuzung: rechts (Asphalt) oberhalb **Spektesee** (Falkensee), bald unter *Am Kiesteich* weiter an Spekte ~ 1,3km ⇨ 6 T-Kreuzung: rechts über Spekte, dann zweiten Weg links (, parallel zu *An der Felgenlanke*) ~ 860m ⇨ 7 Asphaltweg endet: geradeaus Schotterweg ~ 330m ⇨ 8 geradewegs über *Falkenseer Chaussee* () auf Asphaltweg () ~ 260m ⇨ 9 Weggabelung hinter Buswendeschleife: rechts , am Ende T-Kreuzung links Asphaltweg (), diesem durch **Spandauer Forst** folgen (bald) ~ 4,3km ⇨ 10 in **Eiskeller** rechts *Eiskellerweg* (), diesem übers Grünland und im Rechtsknick folgen ~ 1,3km ⇨ 11 T-Kreuzung links über **Steinerne Brücke** nach **Schönwalde** (linksseitig, nach 1,2km an **Hirschkopfeiche** / **Schwanenkrug** vorbei) ~ 1,7km ⇨ 12 rechts *Richard-Dehmel-Str.* (; links: ***Abst. zum Strandbad*** über *Sebastian-Bach-Str.*) und am Spielplatz vorbei, am Ende *Fehrbelliner Str.* links (linksseitig) ~ 1,3km ⇨ 13 T-Kreuzung: rechts *Falkenseer Str.* und über Havelkanal () ~ 960m ⇨ 14 in **Schönwalde (Dorf)** rechts *Lorenz-Jacob-Str.*, dieser kurz darauf an Gabelung geradewegs folgen, am Ende links am **Havelkanal** entlang (Asphalt), am Ende um nach **Hennigsdorf** ~ 5,9km ⇨ 15 nach Linksknick des rechts *Erlenweg*, nach kurzem Anstieg rechts *Spandauer Allee* (Berlin-Spandau) ~ 520m ⇨ 16 in **Nieder Neuendorf** nach Abfahrt an der Einmündung *Am Yachthafen* schräg links () Uferpromenade, dieser folgen, später bergan in den Wald () ~ 3,7km ⇨ 17 nach Kurven in **Berlin-Hakenfelde** an **Badestelle Bürgerablage** rechts am Wirtshaus entlang, dann rechts auf Parkplatzzufahrt zur *Niederneuendorfer Allee*, über diese geradewegs () hinweg um auf Waldweg ~ 2,2km ⇨ 18 geradewegs über *Schönwalder Allee* (), erster Waldweg (~ 200m) links und an **Kuhlaketeich** entlang, Weg am Ende im Linksknick folgen ~ 460m ⇨ 19 rechts *Schönwalder Allee* (), an einmündender *Cautiusstr.* (~ 900m) zum linksseitigen überwechseln ~ 1,7km ⇨ 20 am *Klinkeplatz* rechts *Hohenzollernring* (), kurz darauf in Rechtskurve der Vorfahrtstraße schräg links *Hohenzollernring* (), ab *Pionierstr.* (STOP) ~ 1,6km ⇨ 21 ~ 150m hinter Abzweig des *Spektewegs* rechts Schotterweg in **Spektegrünzug** ~ 190m ⇨ 3 T-Kreuzung: links Schotterweg, geht bald in Asphalt über () ~ 610m ⇨ 2 *Galenstr.* rechts (), bald links *Seegefelder Str.* zum ~ 350m ⇨ S R **Spandau**

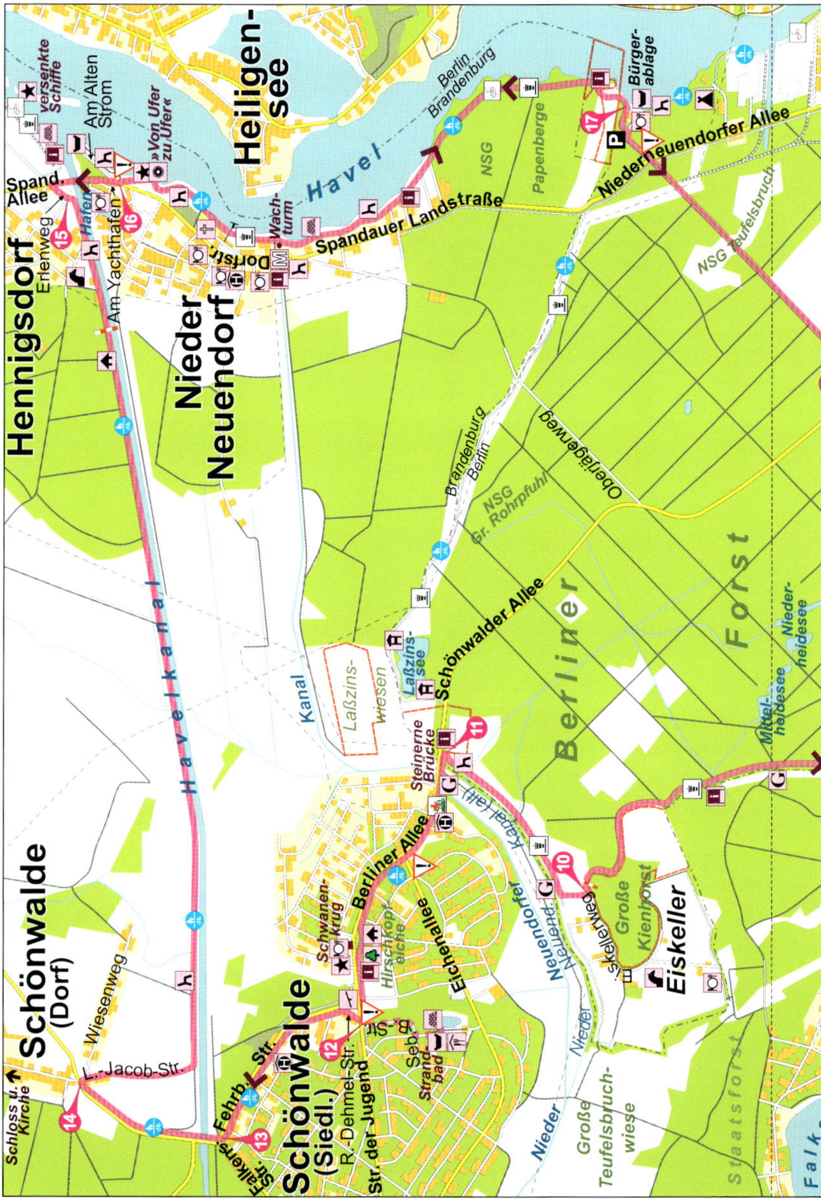
Hennigsdorf
Nieder Neuendorf
Heiligen-see
Havel
Havelkanal
Schönwalde (Dorf)
Schönwalde (Siedl.)
Eiskeller
Berliner Forst
Spand. Allee
Erlenweg
Hafen
Am Alten Strom
Am Yachthafen
versenkte Schiffe
»Von Ufer zu Ufer«
Dorfstr.
Wachturm
Spandauer Landstraße
Berlin Brandenburg
NSG
Papenberge
Bürger-ablage
Niederneuendorfer Allee
NSG Teufelsbruch
Oberjägerweg
NSG Gr. Rohrpfuhl
Schönwalder Allee
Laßzins-see
Laßzins-wiesen
Kanal
Steinerne Brücke
Berliner Allee
Schwanen-krug
Hirschkopf-eiche
Eichenallee
Strand-bad
R.-Dehmel-Str.
Str. der Jugend
Falkenseer Str.
Fehrb. Str.
L.-Jacob-Str.
Wiesenweg
Schloss u. Kirche
Neuendorfer
Eiskellerweg
Große Kienhorst
Nieder Neuend. Kanal (alt)
Große Teufelsbruch-wiese
Staatsforst
Mittel-heidesee
Nieder-heidesee
Falke
10
11
12
13
14
15
16
17

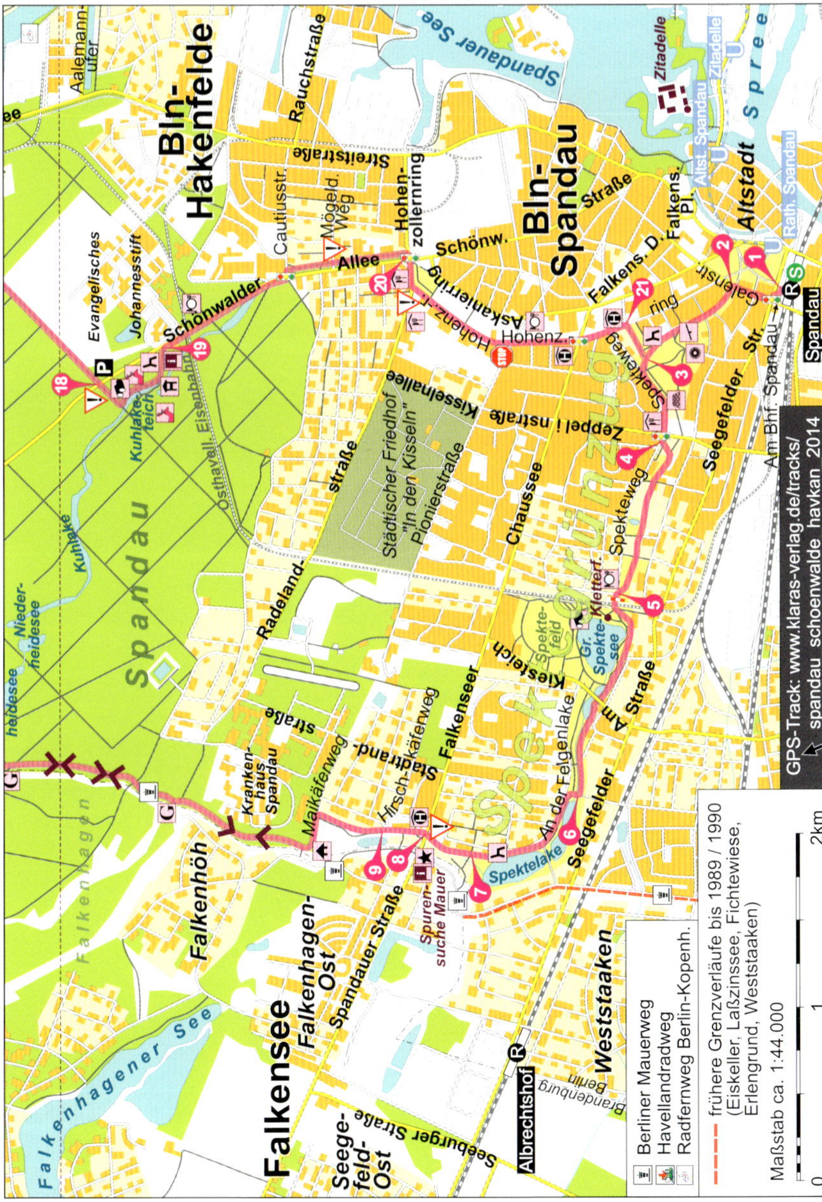

Bln-Hakenfelde
Bln-Spandau
Altstadt
Spandauer See
Zitadelle
Spree
Falkensee
Falkenhagen-Ost
Seegefeld-Ost
Weststaaken
Falkenhöh
Albrechtshof
Spandau
Spandau
Spektegrünzug
Falkenhagener See
Falkenhagen
Evangelisches Johannesstift
Kuhlaketeich
Kuhlake
Niederneidesee
Städtischer Friedhof "In den Kisseln"
Gr. Spektesee
Spektefeld
Spektelake
Kletterf.
Krankenhaus Spandau
Spurensuche Mauer
Schönwalder Allee
Schönw. Straße
Streitstraße
Rauchstraße
Cautiusstr.
Mögeld. Weg
Hohenzollernring
Hohenz.-r.
Hohenz.
Askanierring
Falkens. D.
Falkens. Pl.
Galenstr.
Seegefelder Str.
Am Bhf. Spandau
Zeppelinstraße
Kisselnallee
Spekteweg
Radelandstraße
Pionierstraße
Falkenseer Chaussee
Kiesteich
An der Felgenlake
Am Seegefelder Straße
Stadtrandstraße
Hirschkäferweg
Maikäferweg
Spandauer Straße
Seeburger Straße
Brandenburg Berlin
Osthavell. Eisenbahn
Aalemannufer
Altst. Spandau
Zitadelle
Rath. Spandau
GPS-Track: www.klaras-verlag.de/tracks/spandau_schoenwalde_havkan_2014
Berliner Mauerweg
Havellandradweg
Radfernweg Berlin-Kopenh.
frühere Grenzverläufe bis 1989 / 1990 (Eiskeller, Laßzinssee, Fichtewiese, Erlengrund, Weststaaken)
Maßstab ca. 1:44.000
0
1
2km

Tour 2

Zum Falkenhagener See und an die Havel

32km

Der Spektegrünzug, eine bei Ausflüglern beliebte grüne Trasse, setzt sich in Falkensee fort. Hier und da sind die Ausbauarbeiten zwar noch nicht abgeschlossen, schöne Wege gibt es aber bereits. So sind die Dorfkerne von Seegefeld und Falkensee prima zu erreichen.
Die Spuren der deutschen Teilung sind auf der Strecke ein steter Begleiter. Die Installation „Spurensuche Mauer" erinnert ebenso an die Mauerzeit wie der Berliner Mauerweg, auf dem Abschnitte der Tour verlaufen, oder die orangefarbenen Gedenkstelen, die an Orten tragischer Vorfälle oder besonderer Situationen den Mauerweg säumen. Besondere Umstände kennzeichneten einstmals Eiskeller. Es gab nur eine Zufahrt, die anfangs sogar streng kontrolliert wurde.
Dicht an der Stadtgrenze liegt zudem die Gedenkstätte des KZ-Außenlagers Sachsenhausen, in dem von 1943 bis 1945 Zwangsarbeiter unter unwürdigen Bedingungen leben mussten.

Brücke über den Teufelsseekanal

- ★ Dorfkirchen Seegefeld und Falkensee, Steinerne Brücke (Abst.)
- G Spurensuche Mauer (kurzer Abst.), Geschichtspark Gedenkstätte KZ-Außenlager Falkensee
- M Museum und Galerie Falkensee (museum-galerie-falkensee.de)
- Alteichen am Falkenhagener See und in der Schönwalder Allee
- Großer Spektesee, Spektelake, Laßzinssee
- Laßzinssee
- Havel an der Bürgerablage
- Spektegrünzug, Falkenhagener See
- Spektegrünzug, Falkenhag. See, Havel in Hakenfelde
- Spektegrünzug, Falkensee, Eiskeller (Abst.), Jagdhaus Bürgerabl., Fähre Aalemannufer, mehrere Gelegenh. an der Schönwalder Allee und am Hohenzollernring
- S5 (Strausberg-Nord - Spandau), U7 (Rudow - Rathaus Spandau), RE2 (Cottbus - Bln-Hbf - Bln-Spandau - Wittenberge), RE4 (Ludwigsfelde - Bln-Hbf - Rathenow), RE6 (Wittenberge - Hennigsdorf - Bln-Spandau), RB21 (Griebnitzsee - Pdm Hbf - Bln-Spandau - Bln-Hbf)
- B1 (Bln-Mitte - Nauen, Heerstraße) bis Pichelsdorf, dort abbiegen in die Gatower Straße zum Bahnhof Spandau
- P Galenstraße o. Hohenzollernring

Zweimal führt die Tour am Wasser entlang: Am Falkenhagener See bleibt es bei Blicken aufs Wasser, wer gern baden möchte, kann später, an der Bürgerablage, in die Fluten der Havel springen. Hier trifft die Tour auf den Radfweg Berlin-Kopenhagen, der uns ein Stück mitnimmt – über neu gespannte Brücken und auf schönen Uferwegen.

Am Spektesee

Grünanlagen reichen bis an den **Bahnhof Spandau** heran; die erste, der Münsingerpark, lässt sich in die Tourenbeschreibung nur schwer einfügen – obwohl sie nicht minder reizvoll ist. Wir peilen daher die **Georg-Ramin-Grünanlage** an, die fließend in den **Spektegrünzug** übergeht. Wer den nur hin und wieder durchstreift, wird jedes Mal Veränderungen bemerken. Vorbei am Spektesee und der Spektelake, gibt es inzwischen sogar eine Verlängerung des Grünzugs bis in die Mitte von Falkensee. Zuvor jedoch machen wir einen Schwenk an die Gedenkstelle „**Spurensuche Mauer**" an der Falkenseer Chaussee. Dann peilen wir den Rad- und Fußweg an, der uns auf ruhiger Strecke bis nach **Seegefeld** bringt. Links die Seegefelder Dorfkirche, rechts die von **Falkensee**, können wir beide genauer ansehen, bevor wir uns dem **Falkenhagener See** zuwenden. Anfangs ist das Ufer nicht zugänglich, bald können wir auf der Promenade am Wasser entlangfahren, vorbei an vielen dicken Eichen. Ein Stück durch einen Bruchwald, geht es auf kleineren Straßen wieder an die Berliner Stadtgrenze heran. Einst scharf bewacht und nur mit Passierschein zugänglich, ist es heute ein unscheinbarer Pfad, der uns an den Rand des **Spandauer Forstes** bringt. Für etliche Kilometer lenkt uns nun der ehemalige Zollweg, zunächst über einige Dünen hinweg durch den Wald, dann am Rand von **Eiskeller** vorbei und schließlich auf der idyllischen Verbindung an Wiesen entlang zur Schönwalder Allee. Hier kommen Urlaubsgefühle auf, und man wähnt sich kaum in Berlin.

An der Falkenseer Chaussee

Havel an der Bürgerablage

Am Mauerweg stehen hin und wieder orangefarbene Stelen. Sie erinnern an einen Mauertoten oder an andere Ereignisse oder Begebenheiten entlang der Mauer.
An der kreuzenden **Schönwalder Allee** müssen wir uns kurz unter den Verkehr mischen, dann radeln wir weiter auf dem früheren Zollweg. Der Weg umkurvt den **Laßzinssee**, und man merkt ihm sein Alter in einigen Passagen an. Zur Entschädigung umgibt uns idyllische Natur, und im Wald sind Spechte, Kleiber und andere Vögel zu hören. Erneut folgen wir am Ende einer Ausfallstraße, dieses Mal der **Nieder Neuendorfer Allee** und auf einem Radweg. Wer einen guten Riecher hat, bemerkt vielleicht schon hier die nahe Havel. Am Wirtshaus **Bürgerablage** sehen wir den breiten Fluss funkeln und können baden, picknicken oder einkehren. Nahtlos geht der Berliner Mauerweg in den Radfernweg Berlin – Kopenhagen über, dem wir ein Stück Richtung Berliner Mitte folgen. Über die neu gebauten, radlerfreundlichen Brücken am Teufelssee- und Aalemannkanal hinweg und an der **Fähre Aalemannufer** vorbei, bekommen wir schöne Ansichten der Havel. Dann führt uns das Asphaltband durch eine Kleingartenanlage gen Mitte von **Hakenfelde**. Nach dem Kreuzen der Streitstraße ist es am einfachsten, das Rad ein kurzes Stück zu schieben, dann geht es per Pedale in Richtung **Schönwalder Allee**. Alte Eichen, die streckenweise einen reizvollen Waldstreifen bilden, säumen den Weg zum Hohenzollernring. Dem folgen wir bis zum Ende am Münsingerpark, hinter dem der große **Bahnhof Spandau** steht.

Bahnhof Spandau

1 S R **Spandau**: Ausg. Seegefelder Str. (Aufzug: Ausg. Bahnhofstr.) und links *Seegefelder Straße*, dann rechts *Galenstraße* () ~ 340m ⇨ 2 links (Mittelinsel) in Grünanlage (), Asphalt endet am **Spektegrünzug**: geradeaus Schotterweg, kurz darauf Gabelung links (Falkenhagener Feld) ~ 640m ⇨ 3 schräg links Asphaltweg (), am Ende links *Spekteweg* ~ 550m ⇨ 4 geradewegs über *Zeppelinstraße*, 30m weiter schräg links Verbundpflasterweg (), diesem am linken Rand der Grünanlage stets folgen, am Ende Rechtsknick ~ 1,1km ⇨ 5 links *Spekteweg*, um übers Bahngleis, dann links und gleich schräg rechts, am Ende T-Kreuzung: rechts Asphaltweg () oberhalb **Spektesee**, bald unter *Am Kiesteich* weiter an Spekte ~ 1,3km ⇨ 6 T-Kreuzung: rechts über Spekte, zweiten Weg links () und an **Spektelake** entlang ~ 860m ⇨ 7 Asphaltweg endet: geradeaus Schotterweg () ~ 330m ⇨ 8 *Falkenseer Ch.* links (kurz schieben) nach **Falkensee** und links auf Asphaltweg ( ) ~ 650m ⇨ 9 geradewegs Asphaltweg (, damit verlasen), am Ende T-Kreuzung rechts Schotterweg und kurz darauf vor links (Falkensee-Zentrum), bald Gabelung links () ~ 660m ⇨ 10 um und über *Hamburger Straße* () auf Naturweg (Falkensee-Zentrum) ~ 670km ⇨ 11 schiefes Wegkreuz: rechts Schotterweg, kurz darauf links Asphaltweg (Falkensee-Zentrum), führt unter *Seeburger Straße* hindurch, am Ende geradeaus *Mainzer Str.* (dabei um , teils), am Ende geradewegs Asphaltweg () ~ 1,9km ⇨ 12 mit Links-Rechtsknick in *Erlenstraße*, diese geradewegs in ~ 330m ⇨ 13 in **Seegefeld** *Bahnhofstraße* rechts (; links ***Abst. Dorfkirche***), geht in **Falkensee** an über in *Schönwalder Straße* ~ 1,5km ⇨ 14 *Niederneuendorfer Weg* rechts, kurz darauf mit Vorfahrtregelung schräg rechts in *Beethovenallee* ~ 1,2km ⇨ 15 *Schubertallee* rechts zum **Falkenhagener See**, dort links Uferpromenade, später im Uferwald in Ufernähe bleiben ~ 1,4km ⇨ 16 *Humboldtallee* links, kurz darauf schräg rechts *Fröbelstraße* ~ 810m ⇨ 17 im Rechtsknick der Vorfahrtstraße schräg links *M.-Luther-Straße* ~ 540m ⇨ 18 Trampelpfad rechts und gleich im **Spandauer Forst** links Asphaltweg ( ) ~ 2,9km ⇨ 19 in **Eiskeller** rechts *Eiskellerweg* ( ), diesem bald im Rechtsknick folgen ~ 1,3km ⇨ 20 rechts *Schönwalder Allee* ~ 320m ⇨ 21 links um Asphaltweg ( ) ~ 3,6km ⇨ 22 rechts *Niederneuendorfer Allee* ( ) ~ 500m ⇨ 23 links Asphaltstraße (), dieser im Rechtsknick folgen, an Havel (**Bürgerablage**) rechts Asphaltweg ( ) ~ 820m ⇨ 24 Kreuzung links um (Altstadt Spandau), später über **Teufelskanalbrücke** ~ 1,3km ⇨ 25 schräg rechts über *Aalemannufer* auf Brücke über **Aalemannkanal**, dann Asphaltweg folgen ( ) ~ 630m ⇨ 26 nach Rechtsknick *Elkartweg* links, diesem in Kurven folgen, am Ende T-Kreuzung *Werderstraße* rechts (teils ,) ~ 630m ⇨ 27 *Goltzstraße* links ~ 650m ⇨ 28 *Rauchstraße* () rechts (anfangs) ~ 280m ⇨ 29 T-Kreuzung: über *Streitstraße*, kurz Gehweg rechts, dann links *Cautiusstraße* (bald) ~ 790m ⇨ 30 links *Schönwalder Allee* (linksseitig) ~ 730m ⇨ 31 rechts *Hohenzollernring* (), kurz darauf in Rechtskurve schräg links *Hohenzollernring* (), ab *Pionierstraße* (STOP) ~ 2,2km ⇨ 32 *Galenstraße* rechts (), an links *Seegefelder Straße* zum ~ 350m ⇨ S R **Spandau**

Schönwalde-Siedlung
Schwanenkrug
Hirschkopfeiche
Strandbad
Kanal
Laßzinswiesen
Laßzinssee
Steinerne Brücke
Schönwalder Allee
Gr. Rohr
Nieder-Neuendorfer Kanal (alt)
Neuend.
Große Teufelsbruchwiese
Eiskellerweg
Große Kienhorst
Eiskeller
Berliner Forst Spandau
Staatsforst Falkenhagen
Schubertallee
Niederneuend. W.
Beethovenal.
Brahmsallee
Uferpromenade
Falkenhagener See
Mittelheidesee
Niederheidesee
Schönw. Str.
Falkensee
Neuer See
Falkenh. Str.
Bhf.-Str.
Spandauer Straße
Falkenhöh
Fröbelstr.
Pestalozzistr.
Martin-Luther-Str.
Ev. Krkhs Spandau
Radeland-
Humboldtal
Falkenhagen-Ost
Erlenstr.
Mainz. Str.
Kölner Str.
Seegef. Str.
Seeburger Str.
Seegefeld
Str. d. Einheit
Geschichtspark ehem. KZ-Außenl.
Spurensuche Mauer
Hamburger Str.
Luchw.
Einkenkr. W.
Spektelake
Falkenseer Chaussee
Kiesteich
Spektefeld
Gr. Spektesee
Kletterf.
Spektegrü
Städtis "In de
Albrechtshof
Seegefelder Straße
Am
Weststaaken
Staaken
Brunsbü
1 2 3 4 5 6 7 8 9 10 11 12 13 14 15 16 17 18 19 20 21
Berliner Mauerweg
Radfernweg Berlin-Kopenh.
Grenzverläufe bis 1989 / 1990 (Eiskeller, Laßzinssee, Fichtewiese, Erlengrund, Weststaaken)
Maßstab 1:50.000
0 1 2km
GPS-Track: www.klaras-verlag.de/tracks/ Spandau_Falkensee_Havel

Nieder-
neuendorf
Laßzins-
wiesen
Kanal
Steinerne
Brücke
Laßzins-
see
Kanal (alt)
Schönwalder Allee
NSG
Gr. Rohrpfuhl
Spandauer Landstraße
NSG
Papenberge
Oberjägerweg
Berliner
Forst
Spandau
Bürger-
ablage
Tegel-
ort
Niederneuendorfer Al.
NSG Teufelsbruch
Kraftw.
Ober-
havel
Havel
Mittel-
heidesee
Nieder-
heidesee
Evangelisches
Johannesstift
Bln-
Hakenfelde
Aalem.-u.
Aalem.-kan.
Fähre
Elkartw.
Kuhlake-
teich
Osthavell.
Eisenbahn
Schönwalder
Werder-
str.
Martin-
Luther-Str.
Ev. Krkhs
Spandau
Radeland-
straße
Cautiusstr.
Goltzstr.
Rauchstraße
Mögeld.
Allee
Streitstr.
Städtischer Friedhof
"In den Kisseln"
Hohen-
zollernring
Pionierstraße
Falkenseer
Chaussee
Hohenz.-r.
Askanierring
Schönw.
Spandauer See
Spektegrünzug
Kiesteich
Spekte-
feld
lake
Gr.
Spekte-
see
Kletterf.
Am
Zeppelinstraße
Hohenz.
Bln-
Spandau
Straße
Spekteweg
Falkens. D.
Zitadelle
Falkens.
Pl.
Altst. Spandau
Zitadelle
Seegefelder
Str.
Galenstr.
Altstadt
Müns.
park
Spree
Am Bhf. Spandau
Brunsbütteler Damm
Rath. Spandau
Spandau

Info

Grenzverläufe zwischen 1945 und 1990

Die Teilung Deutschlands und Berlins und später der Bau der Mauer fuhren jäh durch das Leben der Menschen. Über Jahrhunderte gewachsene Strukturen, die sich nicht immer an den Grenzen der Stadt und der Umlandgemeinden orientierten, wurden vielerorts gekappt.

Geradezu kurios wurde es um Teile der Stadt, die weit ins Märkische hineinreichten wie etwa Eiskeller. Der Ort, in dem nur wenige Menschen inmitten ländlicher Umgebung wohnten, war plötzlich auf drei Seiten von der strengstens bewachten Grenze umgeben und nur über eine einzige Zufahrt, die im Spandauer Forst sogar noch neu gebaut werden musste, erreichbar. Ebenso kurios war die Lage der Kleingartenanlagen „Erlenwiese“ und „Fichtengrund“ nahe der Havel. Sie lagen einen Steinwurf von Spandau entfernt in der DDR, mitten auf dem Todesstreifen. Die Schrebergärtner mussten Kontrollen passieren, wollten sie in ihre Parzellen kommen. Ihr Vorteil: Nächtliche Einbrüche, wie sie in Kleingartenanlagen keine Seltenheit sind, hat es dank der Überwachung nie gegeben.

1988 wurden mehrere Gebiete zwischen dem Westteil der Stadt und dem Ostteil sowie den angrenzenden DDR-Bezirken getauscht. Meist war das Ziel, die Wege der Menschen zu erleichtern. So wechselten in der Stadtmitte kleine Flächen den Besitzer, um den Straßenverkehr zu vereinfachen. In Eiskeller mussten nach dem Tausch weniger scharfe Kurven gefahren werden, wenn es aus dem Spandauer Forst hinausging. Eiskeller erhielt zudem ein Waldgebiet zugeteilt, das wie eine Blase in die Siedlung hineinreichte. Forstlich war das Gebiet für die DDR ohnehin uninteressant, und der Mauerverlauf hatte zuvor bereits ein großes Niemandsland entstehen lassen, das zwar zur DDR gehörte, aber nur hin und wieder von Grenzsoldaten betreten wurde.

Ein weiterer Gebietstausch ereignete sich bereits gut 40 Jahre zuvor. Mit der Aufteilung Berlins auf die vier alliierten Siegermächte wurde ein jeweils eigener Flughafen nötig. Die Amerikaner erhielten Tempelhof, die Sowjets Johannisthal, die Franzosen Tegel. Die Briten wollten Gatow nutzen, allerdings lag der Flugplatz zum großen Teil auf DDR-Gelände. So wurde getauscht: Teile von Groß Glienicke fielen an Gatow, im Gegenzug wurde der Westteil Staakens dem DDR-Bezirk Potsdam zugesprochen. Die Staakener Dorfkirche lag nun ebenso in der DDR wie etwa das Fort Hahneberg.

Nach der Wiedervereinigung wurde Weststaaken zwar an Berlin zurückgegeben, Groß Glienicke und ein zuvor ebenfalls ins Tauschgeschäft eingegangener Teil Seeburgs fielen jedoch nicht an Brandenburg zurück, sondern blieben bei Berlin. So führt heute der Berliner Mauerweg kurioserweise auch in Staaken mitten durch Berlin.

Auf dem Staakener Kirchhof

Spekte hin, Bullengraben her

★ ☼ G 12,5km

Eigentlich ist es nur ein Drei-Ecken-Kurs, aber der hat es in sich: Zwei klasse Grünzüge führen von der Mitte Spandaus an den Stadtrand, der Spektegrünzug und die Bullengrabenniederung. Sie wurden in den letzten Jahren für Radler und Fußgänger immer durchgängiger und auch attraktiver. Rastbänke, Picknickplätze, kleine Aussichtspunkte, vieles lockt. Hier und da eine Einkehr, an der Spekte sogar größere Gewässer. Über den Berliner Mauerweg bekommen die beiden Wege eine herrliche Verbindung, denn sowohl die Spekte als auch der Bullengraben reichen bis an die Stadtgrenze. Der Berliner Mauerweg ist dabei kein einfacher Lückenfüller, denn die Spuren der Deutschen Teilung sind noch immer gut zu erkennen. Ihnen nachzuspüren ist überaus interessant. Mit der Gartenstadt Staaken liegt ein richtungsweisendes Beispiel des sozialen Wohnungsbaus an der Strecke. Reihenhäuser, bunte Gärten, kleine Gassen und baumbestandene Straßen, die Atmosphäre ist einmalig.

★ Kletterfelsen Großer Spektesee, Gartenstadt Staaken, Dorfkirche Staaken, Bulle Egelpfuhlstraße, Altstadt Spandau (Abst.)

G Spurensuche Mauer

Großer Spektesee, Spektelake

Linden Dorfkirche Staaken

Spektegrünzug, Bullengrabennied.

Münsinger-Park, Spektegrünzug, Mauerweg Falkensee, Gartenstadt Staaken (Abst.), Bullengrabennied.

Spektegrünzug, Nennhauser Damm, Dorfkern Staaken, Altstadt Spandau (Abst.)

S5 (Strausberg-Nord - Spandau), U7 (Rudow - Rathaus Spandau), RE2 (Cottbus - Bln-Hbf - Bln-Spandau - Wittenberge), RE4 (Ludwigsfelde - Bln-Hbf - Rathenow), RE6 (Wittenberge - Hennigsdorf - Bln-Spandau), RB21 (Griebnitzsee - Pdm Hbf - Bln-Spandau - Bln-Hbf)

B1 (Bln-Mitte - Nauen, Heerstraße) bis Pichelsdorf, dort abbiegen in die Gatower Straße zum Bahnhof Spandau

P Galenstraße oder Elsflether Weg

Im Spektegrünzug

1 S R **Spandau** (Ausg. Bahnhofshalle / Rath. Spandau): über *Seegefelder Straße*, links am H vorbei, dann breiter Weg schräg rechts in **Münsinger Park**, Weg im langen Linksbogen folgen ~ 440m ⇨ 2 geradewegs über *Galenstraße* (Mittelinsel) auf in **Georg-Ramin-Grünanlage** ~ 330m ⇨ 3 Weg geht in Schotter über (hier links ***Abst. Aussichtspunkt***), später Gabelung links (Falkensee) und im langen Linksbogen in **Spektegrünzug**, am Ende kurz vor *Spekteweg* auf parallel verlaufenden Schotterweg in Grünanlage bleiben, am Ende nach Linksbogen rechts und schließlich *Spekteweg* links ~ 870m ⇨ 4 über *Zeppelinstraße*, kurz darauf schräg links (Verbundpflaster), diesem am linken Rand des Spektegrünzugs folgen ~ 1,1km ⇨ 5 am Ende schräg links *Spekteweg*, um über Bahngleis, dann schräg links Asphaltweg (1), bald rechts Schotterweg am **Großen Spektesee**, dahinter unter *Am Kiesteich* hindurch (Falkensee) und stets auf Schotterweg links der Spekte bleiben (1) ~ 1,3km ⇨ 6 T-Kreuzung rechts über Spekte, dann links Fußweg an **Spektelake** entlang, stets rechts des Wassers bleiben ~ 1,2km ⇨ 7 *Falkenseer Chaussee* links nach **Falkensee**, dort links Asphaltweg an **Spurensuche Mauer** entlang () ~ 650m ⇨ 8 links *Finkenkruger Weg* () ~ 700m ⇨ 9 geradewegs über *Seegefelder Weg* () und bald an **Gartenstadt Staaken** entlang, später am R **Staaken** vorbei ~ 1,6km ⇨ 10 über *Brunsbütteler Damm* (linke Straßenseite sowie ***Abst. Dorfkirche Staaken***), nach 130m links in **Bullengrabenniederung** ~ 850m ⇨ 11 T-Kreuzung links über Bullengraben, dann rechts ~ 480m ⇨ 12 geradewegs über *Magistratsweg* ~ 680m ⇨ 13 rechts versetzt über *Egelpfuhlstraße* ~ 700m ⇨ 14 geradewegs über *Päwesiner Weg* ~ 980m ⇨ 15 *Elsflether Weg* links, am Ende *Brunsbütteler Damm* kurz rechts, dann links *Am Bahnhof Spandau*, hinter Bahnbrücke rechts *Seegefelder Straße* zum ~ 800m ⇨ S R **Spandau**

Spektewiesen nahe dem Aussichtspunkt

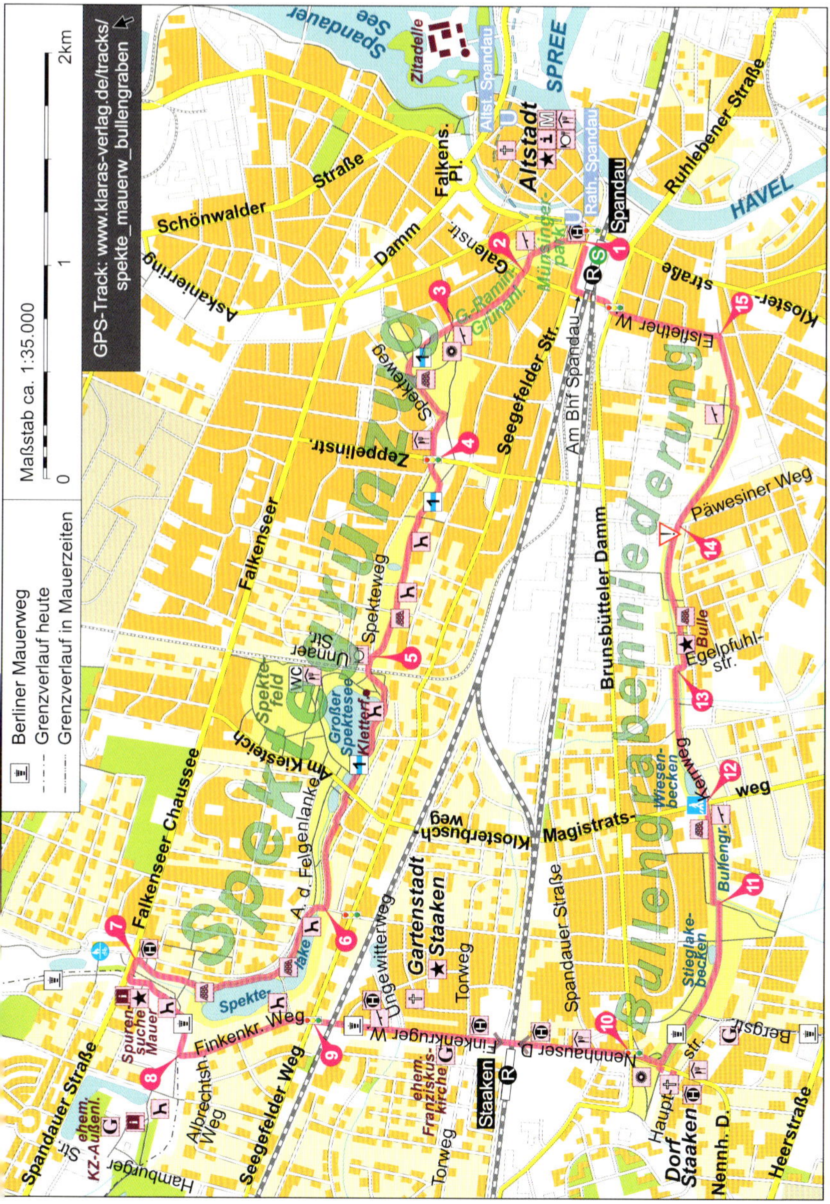

Berliner Mauerweg
Grenzverlauf heute
Grenzverlauf in Mauerzeiten
Maßstab ca. 1:35.000
0
1
2km
GPS-Track: www.klaras-verlag.de/tracks/
spekte_mauerw_bullengraben
Spekte-Grünzug
Bullengrabenniederung
Spandauer See
Zitadelle
SPREE
HAVEL
Altstadt
Altst. Spandau
Rath. Spandau
Spandau
Münsinger-park
G.-Ramin-Grünanl.
Schönwalder Straße
Askanierring
Falkens. Pl.
Damm
Galenstr.
Spektewег
Zeppelinstr.
Seegefelder Str.
Am Bhf Spandau
Brunsbütteler Damm
Ruhlebener Straße
Klosterstraße
Eisflether W.
Päwesiner Weg
Bulle
Egelpfuhlstr.
Kerweg
weg
Wiesenbecken
Bullengr.
Stieglakebecken
Bergstr.
Falkenseer
Falkenseer Chaussee
Unnaer Str.
Spektefeld
WC
Großer Spektesee
Kletterf.
Am Kiesteich
A. d. Felgenlanke
Klosterbusch-weg
Magistrats-
Spandauer Straße
Spektelake
Gartenstadt Staaken
Ungewitterweg
Torweg
Staaken
Finkenkruger W.
Finkenkr. Weg
Nennhauser D.
Spurensuche Mauer
Albrechtsh. Weg
Seegefelder Weg
ehem. Franziskus-kirche
ehem. KZ-Außenl.
Spandauer Straße
Hamburger Str.
Dorf Staaken
Hauptstr.
Nennh. D.
Heerstraße
1
2
3
4
5
6
7
8
9
10
11
12
13
14
15

Nur eine Straße trennt den **Bahnhof Spandau** vom Grünen. Der **Münsingerpark** reicht bis an den Bahnhof und die Altstadt. Und wiederum nur eine Straße gequert, geht es grün weiter: Die Georg-Ramin-Grünanlage bringt uns zum **Spekte-Grünzug**. Ein Aussichtspunkt lockt zu einem kurzen Abstecher mit Blick über den Grünzug, an dessen neu angelegten Wegen Bänke zu einer Pause zwischen buntblumigen Wiesen einladen.
Das Gleis der Osthavelländischen Eisenbahn gequert, entdecken wir den **Großen Spektesee**. Davor ragt neuerdings der Kletterfelsen empor; gute Ausblicke aufs Wasser bieten aber auch die kleinen Zugänge, die durch den Schilfsaum ans Wasser führen. Blesshühner, Stockenten, Haubentaucher und Höckerschwäne – wer ein Fernglas zur Hand hat, wird einiges entdecken. Der in den 1950er Jahren aus einer Kiesgrube entstandene See soll als Badegewässer freigegeben werden, wenn es gelungen ist, die Wasserqualität zu verbessern. Die künftige Badestelle liegt am Nordostufer, direkt am Spektefeld.
Kreuzungsfrei unter der Straße Am Kiesteich hindurch, haben wir die Spekte zur Seite, die uns zur **Spektelake** begleitet. Vom etwas erhöht verlaufenden Weg haben wir schöne Blicke aufs Wasser, und wenn das Gras nicht zu hoch steht, lässt sich prima die Picknickdecke ausrollen. Später wieder die schmale Spekte neben uns, erreichen wir die **Falkenseer Chaussee**. Zeitzeugen aus Mauerzeiten kommen hier in der Installation „**Spurensuche Mauer**" zu Wort, Fotos und Grafiken veranschaulichen die einstige Grenzsituation. Wir haben nun den Berliner Mauerweg erreicht, der zunächst im Bereich des früheren Todesstreifens verläuft. Etwas weiter betreten wir auf dem **Finkenkruger Weg** wieder

Dorfkirche Staaken

Berliner Boden; die Grundstücke zur Linken gehörten zum Westteil der Stadt, rechts befand sich der kahle Mauerstreifen. Die Bahnstrecke nach Hamburg gequert, haben wir eines der bedeutendsten Bauprojekte des frühen 20. Jahrhunderts zur Seite, die **Gartenstadt Staaken**. Sie war eine Antwort auf die miserablen Wohn- und Lebensverhältnisse in den Berliner Mietskasernen und sollte den Menschen ein Leben im Hellen und mit eigenem Wirtschaften im Garten ermöglichen. Viele Wege, Gassen und Straßen erschließen die Gartenstadt, es ist spannend, sich ein bisschen treiben zu lassen.
Nochmals Schienen gequert, entdecken wir die mittelalterliche Kirche des **Dorfes Staaken**. Sie stand mitten im Grenzgebiet, die Grenze verlief entlang des **Bullengrabens**. Damit ist der zweite Grünzug erreicht, der uns nun gen Spandauer Altstadt mitnimmt. Auch hier: neue Wege, neue Ansichten, Picknickplätze, Bänke und übersichtliche Straßenquerungen. Der Grünzug endet derzeit am Elsflether Weg, über den es rasch zurück zum **Bahnhof Spandau** geht

Auf dem Mauerweg nach Groß Glienicke, an der Havel zurück

37km

Mal betriebsam, mal sehr ruhig – viele Facetten hat die Tour, die im Herzen Spandaus beginnt und über die neu angelegten Wege der Bullengrabenniederung an den Stadtrand führt. Am Hahneberg und der inmitten von alten Bäumen stehenden Festung entlang, schlagen wir bald einen Haken durchs Märkische, ehe wir uns dem Wasser zuwenden. Zunächst ist es der Groß Glienicker See, später die Havel, die die Strecke säumen. Dabei reihen sich Attraktionen wie der Fähranleger in Kladow, das Gut Neukladow, die Mitte des alten Dorfes Gatow und das Pichelsdorfer Fenster an der Scharfen Lanke auf. Baden, Picknicken, Einkehren, es gibt viele Gründe anzuhalten. Idyllisch und grün ist es auf den Tiefwerder Wiesen, dann geht es über die Spandauer Altstadt wieder zurück.

Kleine Badewiese in Gatow

★ Dorfkirche Staaken, Fort Hahneberg (beide Abstecher), Dorfkirche Seeburg, Gut Gr. Glienicke, Fähranleger und Dorfki. Kladow (Abst.), Gut Neukladow, Dorfkirche und Windmühle Gatow (Abst.), Villa Lemm, Jaczo-Turm (Abst.), alter Spandauer Bahnhof (Stresow), Altstadt Spandau

Hahneberg (Abst.), Gut Neukladow, Pichelsdorfer Fenster

Wasserbüffel Tiefwerder Wiesen

Gr. Glienicker See, Sacrower See (Abst.), Havel (Breitehorn, Kleines Breitehorn, Kleine Badewiese)

Bullengrabenniederung, Fähranl. Kladow, Dr. Kleusb.-Prom. Gatow, Pichelsdorfer Fenster

Bullengrabenniederung, Hahneb., Rieself. Gatow, Fähranl. Kladow, Dr. Kleusb.-Prom. Gatow, Pichelsdorfer Fenster, Tiefwerder Wiesen

Dorf Staaken, Seeburg, Campingplatz Kladow, Imchenallee (Fähranleger) mehrere Gelegenh., Breitehorn, Dorf Gatow, Pichelsd. Fenster, Pichelsdorf, Altst. Spandau

S5 (Strausberg-Nord - Spandau), U7 (Rudow - Rathaus Spandau), RE2 (Cottbus - Bln-Hbf - Bln-Spandau - Wittenberge), RE4 (Ludwigsfelde - Bln-Hbf - Rathenow), RE6 (Wittenberge - Hennigsdorf - Bln-Spandau), RB21 (Griebnitzsee - Pdm Hbf - Bln-Spandau - Bln-Hbf)

B1 (Bln-Mitte - Nauen, Heerstraße) bis Pichelsdorf, dort abbiegen in die Gatower Straße zum Bahnhof Spandau

P Galenstraße oder Elsflether Weg

Die Wege sind gut zu fahren, stärker befahrene Straßen werden nur kurz genutzt. Anstiege gibt es am Fort Hahneberg, am Sacrower Königswald und an der Havel.

Fort Hahneberg (forthahneberg.de)

Ein bisschen auf Radwegen und kleinerer Straße gekurvt, lassen wir den **Bahnhof Spandau** hinter uns und haben die neu angelegten Wege der **Bullengrabenniederung** vor uns. In sanften Kurven durch den Grünzug, locken Bänke und Wiesen zum ersten Halt. Dreimal sind Straßen zu queren, dann nimmt uns der Berliner Mauerweg mit zum ehemaligen Grenzkontrollpunkt Heerstraße. Zuvor bietet sich ein Abstecher in die dörfliche Idylle von ***Staaken*** an. Die Mauer schnitt sich einst mitten durchs Dorf, die Kirche lag unmittelbar am Todesstreifen.

Den Grenzübergang Heerstraße erkennen selbst diejenigen, die hier einst in der Warteschlange der Kontrolle warteten, kaum mehr wieder. Weiter auf dem Mauerweg, es ist der alte Kolonnenweg, könnten wir einen Schwenk zum ***Fort Hahneberg***, einer Festungsanlage des 19. Jahrhunderts, machen, wir könnten auch den ***Hahneberg***, eine begrünte Mülldeponie, erklimmen. Die Aussicht ist einmalig, und wer sich den Anstieg auf dem Rad ersparen möchte, kann den Drahtesel am Fuß des Berges abstellen und die Stufen nehmen.

Der Mauerweg führt uns nun zwischen den Häusern der Weinmeisterhöhe und der Weite der märkischen Offenlandschaft voran. Dann heißt es aufgepasst, denn der abschüssige Weg endet abrupt an der B2 (Potsdamer Chaussee). Kurz darauf schwenken wir auf den Radweg, der neben der Landstraße bis **Seeburg** verläuft – durch Wälder und über Felder. Bei einem Radweg bleibt es auch entlang der größeren Landstraße, die sich in Kurven durch das leicht wellige Land schlängelt. In der **Groß Glienicker Heide** schwenken wir auf eine kleinere Straße, die einst nach Kladow führte. In Mauerzeiten wurde das Ende verlegt, wir folgen aber dem alten Verlauf und erreichen, an einer ehemaligen Kaserne vorbei, die Kreuzung Potsdamer Chaussee / Ritterfelddamm. Hier müssen wir aufpassen, denn es herrscht viel Verkehr. Kurz darauf können wir einen ***Abstecher zum Gut Groß Glienicke*** machen, das mitten im Grenzgebiet lag, dann rollen wir an den **Groß Glienicker See** hinab. Zwei schöne Badestellen locken ans Wasser, dann ver-

„Riviera von Spandau" – der Fähranleger in Kladow

lassen wir noch einmal kurz Berlin. Durch die letzten Ausläufer des Sacrower Königswalds, der einige beachtliche Hügel hat, treffen wir auf die Landstraße Sacrow – Kladow. Die Havel ist also nicht mehr fern. Stets der Mauerwegsbeschilderung folgend, haben wir den Fluss schließlich zur Seite, besonders attraktiv an der „Riviera von Spandau", wie der **Fähranleger in Kladow** auch genannt wird. Der reizvolle Weg dicht am Wasser entlang ist nun streckenweise den Fußgängern vorbehalten. Wer hier schiebt, bekommt am meisten zu sehen, wer schneller fahren möchte, nimmt stattdessen die ausgeschilderte Radroute. Hin und wieder lockt eine Badestelle, bis uns Grundstücke hinauf in die Mitte des **Dorfes Gatow** zwingen. Danach gleich wieder ans Wasser, können wir am **Pichelsdorfer Fenster** einen letzten Blick auf das weite Blau werfen. Ein Stück an der **Heerstraße** entlang, passieren wir die idyllischen **Tiefwerder Wiesen**, auf denen Wasserbüffel grasen. Vom Dorf Tiefwerder bis zur Ruhlebener Straße umgibt uns nur wenig Verkehr, dann schlagen wir einen Haken, können einen Blick auf den alten Spandauer Bahnhof werfen – heute der **S-Bahnhof Stresow** –, dann geht es in die **Spandauer Altstadt**. Dass die voller Reize ist, ist kein Geheimnis. So entscheidet ein Blick auf die Uhr, wieviel Zeit wir hier verbringen möchten. Der schnellste Weg für Radler führt am Rand der Altstadt entlang, ist ausgeschildert und endet direkt am **S- und R-Bahnhof Spandau.**

Tiefwerder Wiesen

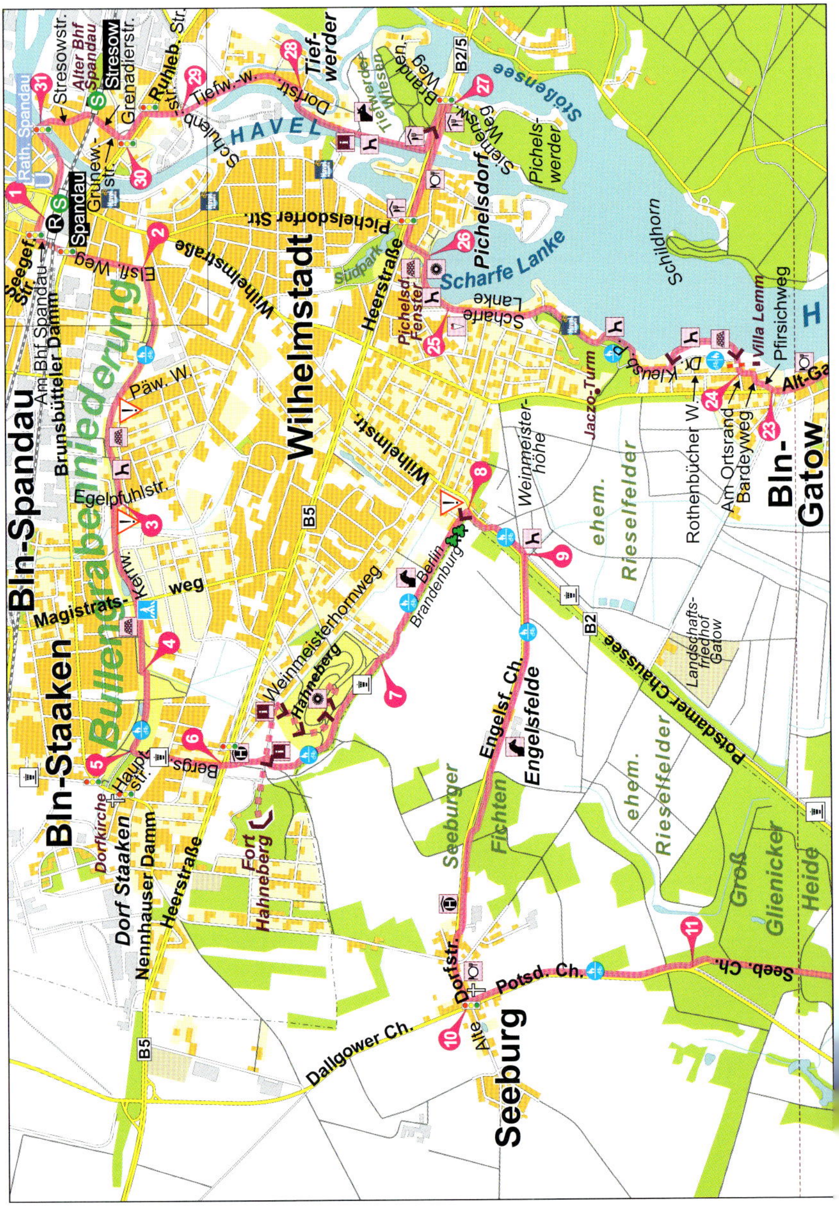

Bln-Spandau
Bln-Staaken
Bln-Gatow
Wilhelmstadt
Seeburg
Bullengrabenniederung
HAVEL
Stößensee
Scharfe Lanke
Schildhorn
Pichelswerder
Pichelsdorf
Tiefwerder
Tiefwerder Wiesen
Südpark
Hahneberg
Fort Hahneberg
Dorfkirche
Dorf Staaken
Seeburger Fichten
Engelsfelde
ehem. Rieselfelder
Landschaftsfriedhof Gatow
Groß Glienicker Heide
Weinmeisterhöhe
Jaczo-Turm
Villa Lemm
Pichelsd. Fenster
Rath. Spandau
Alter Bhf Spandau
Stresow
Spandau
Stresowstr.
Grenadierstr.
Grunew.-str.
Ruhleb. Str.
Ruhleb.-str.
Tiefw.-w.
Dorfstr.
Schulenb.
Brandenb.-Weg
Siemensw.
Weg
Pichelsdorfer Str.
Heerstraße
Wilhelmstraße
Wilhelmstr.
Seegef. Str.
Elsfl. Weg
Am Bhf Spandau
Brunsbütteler Damm
Päw. W.
Egelpfuhlstr.
Magistrats-weg
Kerw.
Haupt-str.
Bergs.
Nennhauser Damm
Weinmeisterhornweg
Berlin
Brandenburg
Engelsf. Ch.
Potsdamer Chaussee
Dorfstr.
Potsd. Ch.
Alte
Dallgower Ch.
Seeb. Ch.
Scharfe Lanke
Kladower D.
Rothenbücher W.
Am Ortsrand
Bardeyweg
Pfirsichweg
Alt-Ga
B2
B2/5
B5
H
1 2 3 4 5 6 7 8 9 10 11 23 24 25 26 27 28 29 30 31

Berliner Mauerweg
Havel-Radweg
Maßstab 1:51.000
0
1
2km
GPS-Track: www.klaras-verlag.de/tracks/
Spandau_Kladow_Rad
Ausschnitt Spandau
Altstadt
SPREE
HAVEL
Rath. Spandau
Stresow
Alter Bhf Spandau
Grenadierstr.
Straße
Schulenb.-Str.
Ruhlebener
Grunew.-str.
Mauerstr.
Lindenufer
Spandau
Seegef. Str.
Am Bhf Spandau
Brunsb. D.
Elsflether W.
Wilhelm-straße
Grunewald
Grunewaldturm
HAVEL
Gatow
Kladower Damm
Hohengatow
Kl. Breitehorn
Breitehorn
WC
E.-Lieseg.-Ufer
Yachtclub
Gut Neukladow
Heide
Gatower
Imchenal.
Imchen
Fähranleger
BVG-Fähre
Wannsee-Route
Wannsee
Schw.wer
Dorfkir.
Imchen-allee
Wannsee-Route
Kirchw.
Bln-Kladow
Sacr. Landstr.
Sacrower
Pfaueninsel
Krampnitzer Weg
Heide
Brandenburg
Berlin
B2
Gartenstadt Gatow
Ritter-feld-damm
Groß-Glienicke
Gutsstr.
Am Park
Gut
WC
Uferpromenade
Verl. Uferpr.
Gr. Glienicker See
Pots. Ch.
Seeprom.
Strand-bad
Sacrower See
Potsdam-Route
Kladower Str.
1
2
12
13
14
15
16
17
18
19
20
21
22
29
30
31

1 S R **Spandau**: Ausg. Seegefelder Str. (Aufzug: Ausg. Bahnhofstr.) + links *Seegefelder Str.*, dann links *Am Bahnhof Spandau* (), kurz darauf rechts versetzt über *Brunsbütteler Damm* () in *Elsflether Weg* ~ 870m ⇨ 2 noch vor rechts (Asphalt) in ***Bullengrabenniederung***, wechselt bald Grabenseite, später über *Päwesiner Weg* () ~ 1,7km ⇨ 3 über *Egelpfuhlstr.* () Grabenseite wechseln und weiter (Asphalt), später geradewegs über *Magistratsweg* () auf (Asphalt) bleiben ~ 1,3km ⇨ 4 Linksversatz des , bald Verbundpflaster ~ 360m ⇨ 5 links (), bald an einmündender *Hauptstr.* () links versetzt in *Bergstr.* () ~ 620m ⇨ 6 geradewegs über ***Heerstraße*** (wenige Meter links) und Asphaltweg in Kurven folgen (, dabei nach 300m rechts ***Abst. Fort Hahneberg*** oder links ***Hahneberg***) ~ 1,5km ⇨ 7 Asphaltweg endet: rechts auf sandigen Weg, nach zwei abzweigenden Wegen links zurück auf Asphaltweg ( ) ~ 1,2km ⇨ 8 nach Abfahrt () rechts ***Potsdamer Ch.*** () wechselt bald Straßenseite ~ 500m ⇨ 9 rechts Landstraße (linksseitig, Seeburg,) ~ 3,1km ⇨ 10 in **Seeburg** an links *Potsdamer Ch.* (linksseitig) ~ 1,5km ⇨ 11 auf freier Strecke links (Landesbehörden Brandenburg, kurz linksseitig) ~ 1,5km ⇨ 12 in Rechtskurve hinter Behörden-Gelände (ehem. Kaserne) geradewegs Waldweg (Asphalt, geht spät in Sandweg über) ~ 530m ⇨ 13 über geradewegs in ***Ritterfeldd.*** () ~ 680m ⇨ 14 kurz vor rechts *Uferprom.* zum **Groß Glienicker See** ~ 3,0km ⇨ 15 rechts *Krampnitzer Weg* (), erstes Wegkreuz links Asphaltweg (, zwischenzeitlich Schotter) ~ 1,8km ⇨ 16 + links nach **Berlin-Kladow** (*Sacrower Landstraße*,) ~ 460m ⇨ 17 *Sacrower Kirchweg* rechts () ~ 830m ⇨ 18 in Abfahrt rechts *Imchenallee* (), hinter **Fähranleger Kladow** geradewegs *Imchenallee* () ~ 1,9km ⇨ 19 an Portalzufahrt zum **Gut Neukladow** rechts, dann links Uferweg () ~ 670m ⇨ 20 Schotterweggabelung: rechts, kurz darauf hinter Yachtclub rechts zur **Havel** (teils Schiebestrecke), später an Badestelle **Breitehorn** vorbei ~ 2,6km ⇨ 21 an Badewiese **Kleines Breitehorn** Links-Rechts-Kombination (Alt Gatow) weiter Uferweg ~ 610m ⇨ 22 links bergan (), am Ende *Kladower Damm* rechts () ~ 1,7km ⇨ 23 in **Alt-Gatow** schräg rechts *Pfirsichweg*, am Ende rechts *Bardeyweg*, am Ende links *Rothenbücher Weg* () ~ 290m ⇨ 24 *Am Ortsrand* rechts um zur **Havel** ( ), dort stets in Ufernähe bleiben (teils Schiebestrecke, verläuft oberhalb) und zwei Mal um Seegrundstücke ausweichen, am Ende um geradewegs in *Scharfe Lanke* ~ 2,5km ⇨ 25 rechts an **Scharfer Lanke** (Spandau) ~ 370m ⇨ 26 links Schotterweg ( ), am Ende *Heerstr.* rechts (um , zunächst Parallelstraße, dann) ~ 1,2km ⇨ 27 über *Heerstr.*, auf anderer Seite zurück, vor Freybrücke schräg rechts Asphaltweg zur **Havel**, am Ufer Schotterweg rechts ~ 1,5km ⇨ 28 nach Rechtsknick + links *Dorfstr.* durch **Tiefwerder** ~ 840m ⇨ 29 + geradeaus *Tiefwerderweg* (Kopfsteinpfl.), am Ende links *Ruhlebener Str.* () ~ 470m ⇨ 30 rechts *Grunewaldstr.*, gleich geradeaus *Grenadierstr.*, nach Linkskurve + geradeaus *Stresowstr.* ~ 690m ⇨ 31 links *Lindenufer* (), am Ende rechts *Mauerstr.*, am Ende links *Stabholzgarten*, diesem in Rechtsknick folgen, dann über *Klosterstr.* () zum ~ 650m ⇨ S R **Spandau**

In die Gatower Rieselfelder

★ 🌳 🍎 🐄 🏪 🛁 🍽 **10km**

★ Kirche Gatow, Villa Lemm, Jaczo-Schlucht u. -Turm, Schau-Rieself.

Havelufer, NSG Windmühlenberge

Alteiche Bardeyweg

Kleine Badewiese Gatow

Obstwiese Dr.-Kleusberg-Prom., Schaurieselfelder, Waldspielplatz

Vierfelderhof Hofladen u. -Café (vierfelderhof.de)

in Gatow mehrere Gelegenh.

Busverbindungen bestehen zu den S- / R-Bahnhöfen Spandau und Zoologischer Garten und zum S-Bhf Messe Nord/ICC

B1 (Heerstr.) bis Gatower Straße und auf dieser in die Dorfmitte

Gatow hat zwei Seiten, eine Land- und eine Wasserseite. Beide sind voller Reize: Auf der Landseite bestimmen Wiesen und Äcker das Bild, die bis an den Dorfkern heranreichen. Dahinter erheben sich bewaldete Hügel, und Alleen und Heckenreihen durchziehen das Land. So schön das Bild heute ist, bis in die 1980er Jahre wäre ein Spaziergang durch die Landschaft eine Angelegenheit gewesen, die die Nase sehr in Anspruch genommen hätte: Knapp 100 Jahre lang wurde hier Abwasser aus Berlin verrieselt – häusliches Abwasser, in Berlin gesammelt und durch unterirdische Rohrleitungen hierher gepumpt und zunehmend auch industrielle Abwässer. Die Idee der Verrieselung war einfach, denn die Fäkalien waren ein guter Dünger. So wurden anfangs reiche Ernten eingefahren. Die Luftbelastung war dagegen enorm, und mit der Zeit wurden die vielen Feststoffe und auch die Gifte der Industrieabwässer zum Problem. Die Böden zeigten eine zunehmende „Rieselmüdigkeit". Abhilfe schuf das 1963 in Betrieb genommene Klärwerk Ruhleben, dessen Klärleistung stetig verbessert werden konnte. So mussten die Rieselfelder ab Mitte der 1980er Jahre nur noch für Notfälle zur Verfügung stehen.
Inzwischen sind die Rieselfelder ein beliebtes Ausflugsgebiet. Von vielen Stellen ist

Dorfkirche Gatow

der auf der anderen Havelseite stehende Grunewaldturm zu sehen. Einen schönen Blick auf den Turm hat man auch von der Badestelle an der Kleinen Badewiese – wie es überhaupt auch möglich ist, entlang der Havel und der Scharfen Lanke bis an die Heerstraße zu gehen und dort in den Bus zu steigen (⇨ Karte)

Ausgangspunkt der Wanderung ist die historische Mitte von Gatow, die **Dorfkirche**. Ein großer Friedhof umgibt sie, und am Ende der Wanderung können wir uns die grüne Oase genauer ansehen. Zunächst peilen wir die Wasserseite des Ortes an, also die blaue Havel. Die liegt ein Stück tiefer, die **Villa Lemm**, die wir bald streifen, thront daher hoch über dem Wasser. Am Zaun des großen Grundstücks voran, haben wir die **Havel** erreicht und gehen ein Stück daran entlang. Bänke locken zum Beobachten, und unter den Obstbäumen entlang der Dr.-Kleusberg-Promenade lässt sich prima die Picknickdecke ausrollen. Dann heißt es tief Luft holen, denn wir erklimmen in einer kleinen, von Bäumen bestandenen Schlucht wieder die Hochfläche. Die Schlucht ist nach dem letzten Slawenfürsten Jaczo von Köpenick benannt, der der Überlieferung nach 1157 hier vor Albrecht dem Bären flüchtete. Oben angekommen, sehen wir den 1914 aufgestellten **Jaczo-Turm**. Nun heißt es, eine Lücke im Verkehr auf der Gatower Straße zu erwischen, dann sind wir bereits in der weiten **Riesellandschaft**. Kopfsteinpflaster und Obstbäume an den Seiten gehören zum typischen Bild, die Wälle und Gräben der

❶ (H) **Gatow Kirche**: *Alt-Gatow* nach Norden ~ 520m ⇨ ❷ schräg rechts *Pfirsichweg*, am Ende rechts *Bardeyweg*, am Ende links *Rothenbücher Weg* (2) ~ 270m ⇨ ❸ *Am Ortsrand* rechts und um an **Havel** hinab, dort Uferweg (2) ~ 650m ⇨ ❹ rechts Dr.-Kleusberg-Promenade (2) ~ 270m ⇨ ❺ geradeaus, kurz darauf links bergan in **Schlucht** (2) ~ 350m ⇨ ❻ geradewegs über *Gatower Straße* (!) in die **Rieselfelder**, dort Kopfsteinpflasterweg folgen (2) ~ 1km ⇨ ❼ Fünf-Wegkreuzung; links (Birkenallee; geradeaus: Variante (H) **Karolinenhöhe**) ~ 240m ⇨ ❽ links *Potsdamer Chaussee* (), 40m weiter (erste Gelegenheit, am Abzweig eine Bank) links in die **Rieselfelder**, dort nach 50m rechts (erster Abzweig) und später an **Schaurieselfeldern** vorbei ~ 1,1km ⇨ ❾ Kreuzung mit *Maximilian-Kolbe-Straße*: geradeaus Feldweg (Lindenallee) am **Landschaftsfriedhof Gatow** entlang ~ 900m ⇨ ❿ T-Kreuzung: rechts ~ 590m ⇨ ⓫ große Kreuzung: links Feldweg und bald am Rand der **Gatower Heide** entlang, Weg am **Waldspielplatz** mit leichtem Linksknick folgen ~ 890m ⇨ ⓬ *Groß Glienicker Weg* (Asphalt) links ~ 1,0km ⇨ ⓭ im leichten Rechtsknick der Straße links Feldweg ~ 710m ⇨ ⓮ Wegkreuz: rechts Feldweg, geht an ersten Häusern über in *Melsunger Straße* ~ 870m ⇨ ⓯ rechts *Buchwaldzeile*, kurz hinter Einmündung *Am Berghang* links Plevierstraße ~ 310m ⇨ *Alt-Gatow* mit (H) **Gatow Kirche**:

Maßstab ca. 1:34.000
0
1
2km
GPS-Track: www.klaras-verlag.de/tracks/gatow_rieselfelder
Fort Hahneberg
B5
Hahneberg
Wilhelmstadt
(zu Bln-Spandau)
Heerstraße
Weinmeisterhornweg
Wilhelmstraße
Gatower Str.
136
X34
X49
H
B5
B2
Jaczostr.
136
236
Gat.Str. / Heerstr.
Jaczostraße
Scharfe Lanke
Scharfe Lanke
B2
Karolinenhöhe
135
638
639
Betriebs-hof
Weinm.-weg
Weinmeisterhöhe
Engelsfelder Chaussee
8
7
P
Chaussee
Zur Havel-düne
Klinik
Gatower Str.
6
2
Jaczo-Turm
Schlucht
Schau-riesel-felder
Kleiststr.
Kl.-Prom.
ehem.
Rieselfelder
HAVEL
5
4
Rothenb. W.
Obstwiese
M.-Kolbe-Str.
Südl. Rieself.-Abf.-gr.
9
Landschafts-friedhof Gatow
Potsdamer
Straße 265
3
Am Ortsrand
Villa Lemm
Bardeyweg
Pfirsichweg
B2
11
10
Straße 269
14
Gatower Separationsgr.
Trift-weg
2
Melsunger Str.
1
Alt-Gatow
Gatow Kirche
X34
134
Am Berghang
15
Buchwaldzeile
Plevierstr.
Bln-Gatow
NSG
Südl. Abfanggraben
Westl. Separationsgraben
Gatower
Heide
Waldspiel-platz
Habichts-grund
12
Glienicker Weg
Vierfelderhof
Str. 264
Kleine Badewiese
Groß-
13
Siedlung Habichtswald
Klad. Damm
Grunewaldturm

Jaczo-Turm am Beginn der Schlucht

schachbrettartigen Landschaft ebenfalls. Dazu das unterschiedliche Grün von angepflanzten Gräsern, Getreide und Gemüse, Strauchreihen und kleinere Wege – es gibt viel zu sehen, im Herbst auch zu probieren. In einem langen Bogen nähern wir uns der Potsdamer Chaussee, die mit der Bushaltestelle am Wirtschaftshof Karolinenhöhe ein alternativer Startpunkt der Tour wäre. Wer dagegen in Gatow gestartet ist, trifft auf der Rundwanderstrecke nur kurz auf die **Potsdamer Chaussee**, dann geht es – der unscheinbare Abzweig verrät sich durch eine Sitzbank – weiter durch die Rieselfelder. Wir streifen mehrere zeitweilig geflutete Becken, über die das Nass in der Umgebung verteilt wird. Das Wasser ist vorgeklärt, und so lässt es sich an den **Schaurieselfeldern** prima pausieren.

Kurz darauf streifen wir den **Landschaftsfriedhof Gatow**, der in den 1980er Jahren eröffnet wurde. Bis dahin befanden sich hier ebenfalls Rieselfelder. Im hinteren Teil des Friedhofsgeländes grasen auf einer baumbestandenen Wiese seit einiger Zeit robuste Rinder. In einer Allee aus knorrigen Linden daran entlang, verlassen wir bald die einstigen Rieselfelder. Weitaus größere Äcker tun sich auf, dahinter die bewaldeten Höhen. Weiter zwischen großen Alleebäumen, wenden wir uns bald der **Gatower Heide** zu und finden auf dem großen Waldspielplatz einen weiteren schönen Rastplatz. Dann steht ein Stück der wenig befahrenen Stichstraße vom Dorf Gatow zur Siedlung Habichtswald an. Sie führt in sanften Kurven durchs Land und ist von Bäumen und Sträuchern eingefasst. Wir biegen nochmals ins Ackerland ab, dann kommen wir von der ruhigen Seite in die Dorfmitte zurück. Einen Abstecher wert sind die nahegelegenen ***Windmühlenberge***. Rund um eine größere offene Sandfläche, die von Trockenrasenpflanzen bewachsen ist, stehen knorrige Kiefern und breit gewachsene Eichen.

Zum Schluss bietet sich der eingangs beschriebene ***Schwenk über den Friedhof*** rund um die mittelalterliche Dorfkirche an, dann ist die **Gatower Straße** erreicht.

In die Weite der Döberitzer Heide

25km/20km

Jahrzehntelang beherrschte das Militär die riesige Döberitzer Heide. Abgeschirmt von Mauern, Zäunen und Wald wurden Kampftaktiken geübt. Heute herrscht dagegen friedliche Stille. Zugegeben, Zäune gibt es immer noch, aber sie schützen weniger vor neugierigen Blicken, sondern sollen verhindern, dass bestimmte Tiere das Gebiet verlassen. Einige von ihnen sind nicht zu verachten: In einem groß angelegten Projekt sind Wisente in der Döberitzer Heide ausgewildert. Sie sind die größten Pflanzenfresser unserer Breiten und halten, nachdem weite Bereiche des einstigen Sperrgebiets zum Naturschutzgebiet erklärt wurden, gemeinsam mit Przewalskipferden aufkommende Bäume und Sträucher in Schach. Von Natur aus würde sich der ehemalige Übungsplatz zum Wald entwickeln, was das Ende der Tiere und Pflanzen der offenen und halb offenen Landschaften bedeuten würde. An bemerkenswerten Arten gibt es davon viele, etliche Blumen und andere Pflanzen, Schmetterlinge, Käfer und andere Insekten, die die Wärme mögen – und natürlich auch Vögel. So gibt es viele Brutpaare des Wiedehopfs, auch Braunkehlchen, Steinschmätzer oder Neuntöter sind nicht selten. Dazu kommen die

- ★ Obelisk, Olympisches Dorf
- im Schaugehege u. am Obelisken
- am Obelisken
- i Infozentrum und Schaugehege
  Apr – Okt täglich 10 – 18 Uhr
  Nov – Mär täglich 10 – 16 Uhr
  ☎ (03 32 34) 2 22 23
- Schaugehege und Wildniskernzone
- Karls Freizeitpark, Schaugehege u. jeweils mit Abstecher Havelpark und Elstal (jeweils mit Abstecher)
- Karls Freizeitpark (karls.de)
- viele Wege in der Döberitzer Heide
- RE2 (Cottbus - Berlin - Rathenow) oder RB13 (Bln-Spandau - Wustermark) bis Elstal
- B5 (Berlin - A10) bis ASt Elstal/Sielmann-Stiftung und den Hinw. folgen

Przewalskipferde in der Eingewöhnungszone

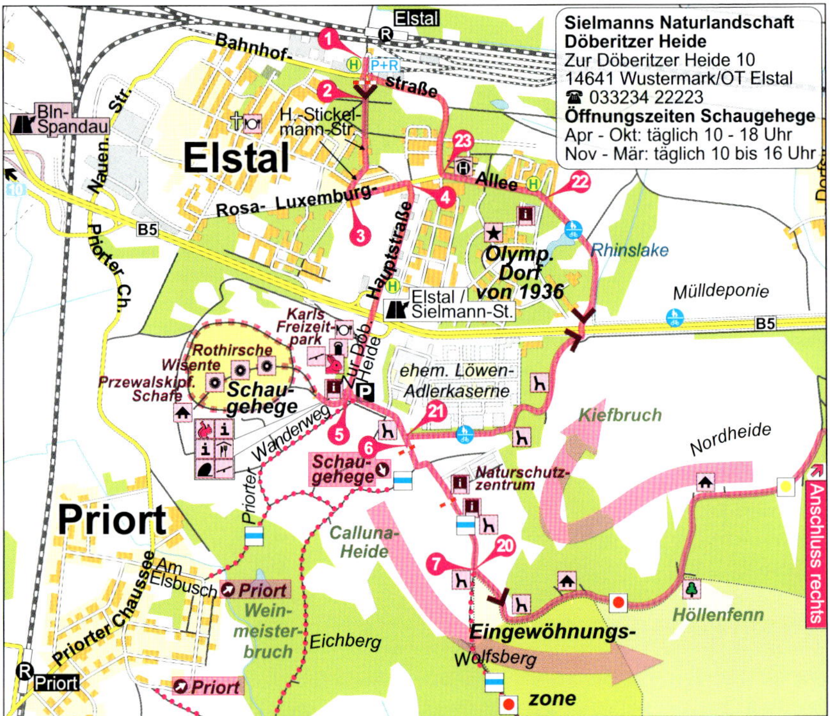

(1) Ⓡ **Elstal**, Ausgang Elstal auf Gehweg am P+R, am Ende geradewegs über *Bahnhofstraße* auf ansteigenden Fußweg (Treppen) in den **Wald** ~ 220m ⇨ (2) Weggabelung im Wald: links (begleitende Stromleitung), am Ende um ┌ ┐ geradewegs ins Wohngebiet (*Hermann-Stickelmann-Straße*) ~ 580m ⇨ (3) links *Rosa-Luxemburg-Straße* ~ 355m ⇨ (4) rechts *Hauptstraße*, geht an B5 über in *Zur Döberitzer Heide* ~ 1,3km ⇨ (5) **P am Schaugehege**: rechts ***Abst. Schaugehege***, sonst links am **P** entlang und am Ende auf Straße weiter (Naturschutzzentrum, Zum Rundwanderweg) ~ 400m ⇨ (6) um ┌ ┐ und asphaltiertem Weg folgen, auf Höhe des **Naturschutzzentrums** um ┌ ┐ auf Sandweg in die **Heidelandschaft** ~ 870m ⇨ (7) Abzweig an der **Eingewöhnungszone**: ● links, diesem stets folgen (dabei einmal links Rohrbeck) ~ 3,7km ⇨ (8) kurz auf Asphalt, dann T-Kreuzung rechts, kurz Asphalt, dann Naturweg ~ 210m ⇨ (9) Gabelung: rechts (●), im weiteren Verlauf zwei Linksknicke ~ 1,2km ⇨ (10) rechts (●) ~ 1,4km ⇨ (11) T-Kreuzung: rechts (●) und am Rand der **Hasenheide** entlang ~ 1,7km ⇨ (12) am Waldrand links (damit Rundweg verlassen) ~ 1,0km ⇨ (13) links und um ┌ ┐ (Seeburg ☒ ☒), bald am Stichweg zum **Obelisken** vorbei, später an Gabelung geradeaus ~ 1,1km

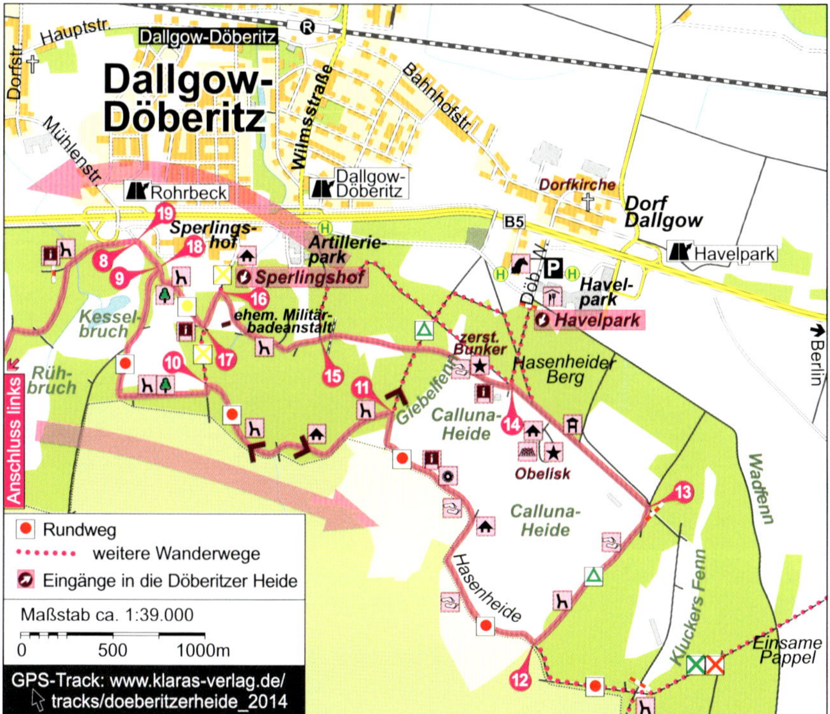

⇨ (14) Wegkreuz nahe **Havelpark**: links (Elstal Schaugehege / Sperlingshof), Weg macht gleich einen Rechtsknick, später hinterm **Giebelfenn** geradewegs übers Wanderwegkreuz ~ 1,1km ⇨ (15) geradeaus (Elstal / Artilleriepark) ~ 800m ⇨ (16) T-Kreuzung nahe Zugang **Artilleriepark**: links (Zum Rundwanderw. / Schaugehege) ~ 170m ⇨ (17) rechts Wanderweg (Zum Rundwanderweg / Rohrbeck) ~ 390m ⇨ (18) kurz hinter Rastbank geradeaus Wanderweg (, nun bekannte Strecke vom Hinweg), bald geradewegs auf Asphaltweg ~ 230m ⇨ (19) kurz vor Brückenauffahrt: Asphaltweg links, geht bald in Sandweg über (später zur Bestätigung am Elstal / Zum Schaugehege), noch später schräg rechts am Wildgehegezaun entlang ~ 3,9km ⇨ (20) an **Eingewöhnungszone** schräg rechts (Schaugehege), auf Höhe des **Naturschutzzentrums** um auf Asphaltweg, nach links-rechts-Kurve um weitere ~ 870m ⇨ (21) kleiner runder Platz: rechts Asphaltweg (Olympisches Dorf), an Umfriedung der **Adler-Löwenkaserne** entlang, schließlich auf Rad-/ Fußgängerbrücke über B5 ~ 2,2km ⇨ (22) am **Olympischen Dorf** geradewegs in *Rosa-Luxemburg-Allee* ~ 580m ⇨ (23) rechts *Bahnhofstraße* ~ 960m ⇨ am P+R rechts zum Ⓡ **Elstal**

Bewohner des Übergangsbereichs vom Wald zur Heide, wie Heidelerche, Baumpieper oder Pirol.
Heide im umgangssprachlichen Sinn, also vom Heidekraut dominierte Flächen, gibt es selbstverständlich auch. Das Heidekraut profitierte von den militärischen Übungen wie kaum ein anderes Gewächs. Feuer schadet ihm nur wenig, im Gegenteil, es drängt konkurrierende Gewächse sogar zugunsten des Heidekrauts zurück. Zudem ist die Pflanze sehr robust. So ist es ein Traum in violett, im September am Naturschutzzentrum oder am Dallgower Havelpark in die Döberitzer Heide zu gehen. Doch auch in den anderen Jahreszeiten lohnt eine Wanderung, etwa im Mai und Juni, wenn die Besenginster ihre gelben Blüten hervorbringen, Robinien, Holunder und etliche Wiesenblumen blühen, und Pirole und Baumpieper ihren Gesang vortragen. Betreut wird das Projekt von der Sielmann Stiftung. Die Mitarbeiter kümmern sich aber nicht nur um die ausgewilderten Tiere in der für die Öffentlichkeit gesperrten Kernzone der Döberitzer Heide, sie betreiben auch das Schaugehege bei Elstal, in dem Begegnungen mit den Weidetieren garantiert sind und zudem viele Informationen zum Projekt bereit gehalten werden. In unmittelbarer Nachbarschaft wurde jüngst Karls Freizeitpark mit Attraktionen für Jung und Alt eröffnet, Bauernmarkt inklusive.
An Wegen hat die Wanderung alles, was es gibt. An den Zugängen und Zufahrten jüngst asphaltierte oder gepflasterte Wege, im Gelände Schotter- und feste Sandwege und manchmal auch blanker Sand. Wer gerne mal ein Stück barfuß geht – hier bietet sich eine prima Gelegenheit, es läuft sich wie am Strand, nur das Wasser fehlt. Eines noch: Die Döberitzer Heide ist kein traditionelles Wandergebiet, und das Netz der Wanderwege ist peu à peu gewachsen. Auch die Infrastruktur mit Rastplätzen und der Beschilderung ist noch im Wachsen begriffen.

Wer als Bahnfahrer die Döberitzer Heide ansteuert, lernt auf dem Weg vom **Bahnhof Elstal** zur Heidelandschaft noch einiges aus der Umgebung des einstigen Schießplatzes kennen – zu Beginn das Dorf Elstal und **Karls Freizeitpark**, der sich in direkter Nachbarschaft vom **Schaugehege** der Siel-

Obelisk

mann Stiftung befindet. Autofahrer können hier die Wanderung beginnen; ein Besuch des Schaugeheges lohnt sich immer, denn Begegnungen mit den auch in der Wildnis weidenden Tieren sind hier garantiert.

Dann geht's in die Heide, die wir am **Naturschutzzentrum** erreichen, dem man seinen Ursprung aus sowjetischen Zeiten ansehen kann. Vorbei an weiten, sandigen Flächen, die voller Heidekraut und Besenginster sind, erreichen wir die **Eingewöhnungszone**. Oft sind Przewalskipferde zu beobachten, die sich in der Nähe des Weges aufhalten. Wir haben nun den **Rundweg** erreicht und folgen ihm lange Zeit. Durch Wälder und über offene Flächen, mal in engen Kurven, mal auf geradlinigen Wegen, haben wir mehrmals die Möglichkeit, barfuß im blanken Sand zu wandern. Geübte gehen natürlich auch über die anderen Wegabschnitte barfuß. Wer aufmerksam schaut, entdeckt im halboffenen Land der **Hasenheide** schließlich den **Obelisken**. In großem Bogen umkurven wir das Denkmal und haben die Möglichkeit, ganz dicht heranzugehen. Wir sind nun am Nordrand der Döberitzer Heide, unweit des **Havelparks Dallgow**. Durch reizvolle, abwechslungsreiche Landschaften, streifen wir einen gesprengten Bunker, der wie ein großer Felsen erscheint. Dass sich unweit der Siedlung **Sperlingshof** einst die Militärbadeanstalt befand, ist allenfalls zu erahnen, dann erreichen wir wieder den ausgeschilderten **Rundweg**. Den gehen wir bis zum **Naturschutzzentrum** zurück – er ist der einzige Weg, der im Norden um die Kernzone herumführt, allerdings durch die andere Blickrichtung und die viele Natur an der Strecke sehr interessant. Wer sein Auto am **Schaugehege** abgestellt hat, ist nun am Ende der Wanderung angekommen. Wer dagegen den Bahnhof Elstal ansteuert, kann zunächst am Rand der umzäunten **Adler- und Löwen-Kaserne** entlanggehen, quert die B5 auf einer kleinen Fußgängerbrücke und kommt von der ruhigen Seite an das ehemalige **Olympische Dorf** heran. Sollte doch Zeit sein: ein Besuch der weitläufigen Anlage ist reizvoll. Zurück zum **Bahnhof Elstal** sind es anderthalb Kilometer, also gut 20 Minuten.

Heidekrautblüte am Naturschutzzentrum

Tour 7

In den Sacrower Königswald

8km

Der Anblick der Sacrower Heilandskirche, die sich wie ein Schiff im Wasser der Havel spiegelt, gehört zu den schönsten Ansichten der Potsdamer Schlösserlandschaft und ist weithin bekannt.
Ein unvergessliches Erlebnis ist es auch, die Blickrichtung zu ändern und von der Kirche über die Havel zu blicken – es scheint auch hier wie auf einem Schiff, die Wellen schlagen bis an den Arkadengang heran. Bei sonnigem Wetter strahlt das helle Kirchenbauwerk eine besondere Atmosphäre aus – kaum zu glauben, dass das Gebäude in Mauerzeiten einsam, verwahrlost und fast verfallen war.
Eine glückliche Fügung der Geschichte also, dass man heute auf dem Uferweg des Schlossparks der Sacrower Heilandskirche langsam näher kommen kann. Der Park hat natürlich auch seine Reize, Blickachsen setzen übers Wasser hinweg viele berühmte Bauten der Umgebung in Szene und lassen das große Ganze erkennen. Wasser spielt bei der Wanderung überhaupt eine Rolle. Anfangs geht es am Sacrower See entlang, der wegen seines sauberen, klaren Wassers sehr beliebt ist, dabei aber weniger überlaufen. Später begleitet uns der Jungfernsee, dessen Ufer einst leergeräumtes Sperrgebiet war und an dem heute sogar Biber wieder heimisch sind.

- Sacrower Heilandskirche, Schloss und Park Sacrow
- Sacrower See, Havelufer
- Alteiche am Park, Bäume im Park
- Jungfernsee, Sacrower Heilandskirche und Park Sacrow
- Kleine Zugänge am Sacrower See
- Lichtungen am Sacrower See und am Jungfernsee
- in Sacrow mehrere Gelegenh.
- Bus 697 nach Kladow (Neukladower Allee) u. Neu-Fahrland (Heinrich-Heine-Weg) (vbb.de)
- B2 (Potsdam-Zentrum - B5) zwischen Krampnitz und Groß Glienicke nach Sacrow abbiegen
- Potsdamer Wassertaxi u.a. ab Potsdam Hbf, Glienicker Brücke, Krughorn / Park Klein Glienicke oder Neuer Garten (potsdamer-wassertaxi.de)

Bärlauch

Wer es einrichten konnte und auf dem Wasserweg, etwa mit dem Potsdamer Wassertaxi, nach **Sacrow** kam, hatte den besonderen Blick auf die Sacrower Heilandskirche bereits vor dem Tourenbeginn – zum Abschluss rückt das schmucke Bauwerk im Park Sacrow noch einmal reizvoll in den Blick.
Sacrow ist nicht groß, und schon bald sind wir im **Königswald** verschwunden. Rotbuchen, Eichen, Ahorne und andere Laubbäume prägen den Uferwald, hinter

dem der **Sacrower See** durchschimmert. Hin und wieder bieten kleine Lücken im Gehölzsaum die Möglichkeit, dicht ans Wasser zu kommen. Im Unterwuchs der Bäume sind viele Pflanzen zu sehen, manche sogar zu riechen: Anfang Mai ist es der Bärlauch, der in der hiesigen Havelgegend auffällig häufig vorkommt. Später im Mai verströmen Maiglöckchen ihren süßlichen Duft.

Nach einiger Zeit knickt der Weg vom See weg, etwas weiter passieren wir das **Forsthaus Zedlitz**. Über die Höhen des Zedlitzbergs hinweg, queren wir die Landstraße Sacrow – Krampnitz, dann ist bald der **Jungfernsee** erreicht. Zunächst noch etwas oberhalb des Sees, gehen wir über einige Kehlen, kleine, steilwandige Tälchen. Die Bäume auf der Seeseite sind erst nach der Wende aufgekommen. Darunter sind Weiden und Pappeln, und auf diese haben es Biber abgesehen. Hin und wieder sind sanduhrartig angenagte Bäume oder sogar spitze Stümpfe zu sehen.

An einer größeren Lichtung bietet sich die Gelegenheit, bis ans Ufer heranzugehen. Findlinge wurden hier zu einem großen Haufen aufgeschüttet, daneben lockt blanker Sand Insekten und spezialisierte Pflanzen.

Wir befinden uns auf der Potsdam-Route des Berliner Mauerwegs, die von der Glienicker Brücke aus auf der Potsdamer Seite gen Kladow verläuft. Wir folgen der Route bis zum Zauntor des **Schlossparks Sacrow**. Noch kurz durch den Wald, wird der Blick zunächst auf die Havel frei, dann rückt die **Heilandskirche** ins Blickfeld. Bänke locken zur Pause, die Einkehrmöglichkeiten im Ort auch zu einem längeren Halt – es sei denn, das stündlich verkehrende Wassertaxi legt bald zur aussichtsreichen Rückfahrt ab.

Sacrower Heilandskirche aus dem Schlosspark

1 (H) **Schloss Sacrow**: *Krampnitzer Straße* nach Westen, vorbei am P ~ 310m ⇨ 2 hinter letztem Haus schräg rechts Waldweg (○ Rundwanderweg Sacrower See) und fortan dicht am Ufer des **Sacrower Sees** bleiben (▬), am Ende nach Linksknick vom Wasser weg ~ 1,8km ⇨ 3 rechts Waldweg (▬) ~ 240m ⇨ 4 Fahrweg links (▬) und bald mit Rechtsversatz am **Forsthaus Zedlitz** vorbei auf Fahrweg bleiben ~ 1,1km ⇨ 5 geradewegs über Landstraße Sacrow - Krampnitz (▬) ~ 810m ⇨ 6 T-Kreuzung am **Jungfernsee**: links (♖ ▬) ~ 450m ⇨ 7 schräge Kreuzung: rechts (♖ ▬) ~ 1,6km ⇨ 8 Abzweig: geradeaus um ┏╸╸┓ (♖ knickt nach links zum P ab) in **Schlosspark**, noch im Wald schräge T-Kreuzung: rechts und bald auf Uferweg an **Heilandskirche** entlang ~ 1,0km ⇨ 9 um ┏╸╸┓ + *Fährstraße* links ~ 420m ⇨ 10 *Krampnitzer Straße* links zur ~ 390m ⇨ (H) **Schloss Sacrow**

Die Schlösserlandschaft zwischen Berlin und Potsdam

30km

Die Havellandschaft zwischen Berlin und Potsdam gehört zu den schönsten Ausflugsgebieten überhaupt; kein Wunder, dass die Hohenzollernkurfürsten, -könige und -kaiser das Gebiet zum Bau ihrer Schlösser und zur Anlage reizvoller Parks auswählten. Die Ufer wurden dabei ebenso einbezogen, wie die Pfaueninsel oder die Höhen entlang der Havel, die traumhafte Ausblicke ermöglichen.
Was für einen Spaziergang oder gar eine Wanderung zu weit auseinanderliegt, ist für Radler bestens geeignet. Viele Wege am Wasser sind dem sanften Tourismus vorbehalten, und so kann man ungestört vom motorisierten Verkehr – aber meist umgeben von anderen Ausflüglern – an weltbekannten Schlössern vorbeiradeln, berühmte Parks entdecken, den Blick über die Havel oder die benachbarten Seen schweifen lassen und hier und da natürlich ins kühle Nass springen.
Die Deutsche Teilung fuhr wie eine Axt durch die Parklandschaft. Mit dem Fall der Mauer wurden die Zusammenhänge wieder hergestellt, obendrein wurde der Mauerweg sogar zum Bindeglied. Zwischen Glienicker Brücke und Wannsee teilt er sich in zwei Routen – beide sind Bestandteil dieser Tour. Die Strecke stellt mittlere Ansprüche ans Radfahren, es sind einige Anstiege zu meistern. Zwischen Krampnitz und Kladow wird eine kleinere Straße gemeinsam mit dem Kfz-Verkehr genutzt. Die Möglichkeiten zum Einkehren reichen vom vornehmen Wirtshaus über den beliebten Biergarten bis hin zum königlichen Ambiente. Und Picknicken oder Baden sind fester Bestandteil der Tour.

★ Liebermann-Villa; Flensb. Löwe; Pfaueninsel; Kirche St. Peter und Paul; Park Klein Glienicke mit Schloss, Wasserfall und Löwenfontäne; Glien. Brücke; Kongsnæs ; Neuer Garten mit Schloss Cecilienhof, Eremitage und Meierei; Volkspark Potsdam; Schloss Sacrow u. Heilandskirche; Fähranleger und Dorfkirche Kladow (Abst.),

G Haus der Wannsee-Konferenz (ghwk.de), Villa Schöningen

Flensburger Löwe, Krughorn, Gr. Neugierde Glien. Brücke, Quappenhorn, Sacrower Heilandskirche, Fähranleger Kladow, BVG-Fähre

Eiche in Sacrow

Wannsee (Heckeshorn), Havel an der Pfaueninsel (Abst.), Heiliger See (Neuer Garten), Krampnitzsee (Königswald)

Moorlakebucht, Park Kl. Glienicke, Neuer Garten (Heiliger See), Volkspark Potsdam, Fähranleger Kladow und Wannsee

Flensburger Löwe, Haveluferpromenade, Glienicker Brücke, Volkspark, Schlosspark Sacrow, Fähranleger Kladow und Wannsee

Pfaueninsel (Abst.) und Wannsee

sehr viele Gelegenheiten

S1 (Oranienburg - Wannsee - Potsdam), S7 (Ahrensfelde - Wannsee), RE1 (Eisenhüttenstadt / Frankfurt [Oder] - Bln-Wannsee - Brandenburg a. d. Havel / Magdeburg), RE7 (Dessau / Bad Belzig - Bln-Wannsee - Wünsdorf-Waldstadt)

A115 (AVUS) bis Kreuz Zehlendorf, weiter Potsdamer Ch. (B1 Bln-Mitte - Potsdam) bis zum Wannsee

P Potsdamer Ch., Stahnsdorfer Damm oder Am Großen Wannsee

Pause am Krughorn mit Blick auf die Sacrower Heilandskirche

„Pack die Badehose ein" – ein Liedvers, der den Wannsee weithin bekannt gemacht hat. Wie sich zeigen wird, ist es ist aber nicht nur das Badevergnügen, das an die Nahtstelle zwischen Berlin und Potsdam lockt. Los geht es am betriebsamen **Bahnhof Wannsee**. Schon nach kurzer Fahrt bekommen wir die große Havelbucht zu sehen, dann das hügelige Gelände zu spüren. Wir schlagen einen Haken Richtung **Heckeshorn**, wo wir am Flensburger Löwen eine klasse Aussicht auf den Wannsee haben. Auf dem Weg dorthin lockt die Liebermannn-Villa zu einem kunstvollen Abstecher, daneben das Haus der Wannsee-Konferenz zu einem Exkurs in das unfassbare Geschehen der jüngeren deutschen Vergangenheit.

Dann ist wieder ein Stück leicht zu klettern, denn wir peilen auf kleineren Straßen die durch den Düppeler Forst verlaufende **Pfaueninselchaussee** an. Die darf nur von BVG-Bussen befahren werden, wir teilen uns die Straße also fast nur mit Fußgängern und Radlern. Mit Tempo kommen wir an die Havel heran – aufgepasst, denn nun sind wieder Autos unterwegs. Viele Ausflügler haben die ***Pfaueninsel*** zum Ziel, die Fähre dorthin legt hier ab. Doch auch die Uferpromenade hat ihre Reize, und wir radeln am Wasser entlang durch die idyllische **Moorlakebucht** und am **Krughorn** vorbei. Die Bänke am Wegrand sind ein Wink stehen zu bleiben, denn es ist vieles zu sehen, etwa die Sacrower Heilandskirche, das Belvedère auf dem Pfingstberg, die Meierei im Neuen Garten oder das Pfaueninselschloss.

Am Ende am **Schlosspark Klein Glienicke** entlang, bringt uns die **Glienicker Brücke** nach Potsdam. Die Brücke bietet sowohl in Richtung Potsdamer Innenstadt und auf den Babelsberger Park einen prima Ausblick, als auch havelaufwärts auf den Jungfernsee. Von der Brücke hinab, streifen wir die Villa Schöningen, das einzige im Bereich des früheren DDR-Grenzstreifens stehen gebliebene Gebäude, dann verschwinden wir auf der verkehrsberuhigten Schwanenallee. Vorbei an der Matrosenstation „Kongsnæs", einem Relikt aus Kaisers Zeiten, fahren wir bald in den **Neuen Garten**. Der Weg entlang des **Jungfernsees** ist für vorsichtige Radler freigegeben. Mit Ausblicken zunächst auf die Picknickwiese am Heiligen See mit dem Marmorpalais dahinter und später auf den **Jungfernsee** mit der Eremitage, schauen wir zum Schluss auf das Schloss Cecilienhof. Noch ein Stück auf kleiner Straße am Jungfernsee weiter, erklimmen wir einen Hügelrücken und erreichen die frühere Militärstadt mit der Roten und Grauen Kaserne und dem Bornstedter Feld als Übungsgelände. Das Feld ist heute der ***Potsdamer Volkspark***, in den wir einen Abstecher machen können – an den Eingängen stehen Kassenautomaten. Kurz darauf schauen wir auf die **Bornimer Feldflur**, eine von Lenné mit Baumpflanzungen verschönerte Landschaft – kein Wunder, dass König Friedrich Wilhelm IV. den Gartenbaumeister sehr schätzte. Die Bäume sind inzwischen zu mächtigen Gehölzen herangewachsen, sehenswert sind auch die Baumreihen entlang der Amundsenstraße. Am Ende zwingt uns der **Weiße See** nach **Neu Fahrland** zur B2. An der geht es auf kleineren Wegen – dabei sogar auf einem Waldweg durchs Heineholz – und Radwegen bis **Krampnitz** entlang, stets den Mauerwegshinweisen nach. Jetzt wird es schattig, denn wir tauchen in den **Sacrower Königswald** ein. Lang zieht sich die kleine Straße nach **Sacrow** durch den Wald, mal etwas auf, mal ab, mal holprig. Dann ist der durch die Heilandskirche bekannte Ort erreicht. Im Schlosspark darf nicht geradelt werden; die Wege sind zu Fuß auch am besten zu erkunden.

Auf kleiner Straße radeln wir anschließend weiter durch den Wald nach **Berlin-Kladow**. Die Mauerwegshinweise lenken uns an die Havel hinab, und bald ist die große, attraktiv gestaltete **Fähranlegestelle** erreicht. Sollte die stündlich verkehrende Fähre noch nicht in Sicht sein: es gibt viele Möglichkeiten, die Zeit im Flug vergehen zu lassen: einkehren, lang machen, aufs Wasser schauen oder die Kormorane der Kolonie auf der vorgelagerten Insel Imchen beobachten. Dann zur Krönung die Überfahrt, die einiges noch einmal Revue passieren lässt, was anfangs vom Land aus zu sehen war. Am **Fähranleger Wannsee** lenken uns Radhinweise zum Kronprinzessinnenweg hinauf, der **Bahnhof Wannsee** ist nur einige Tritte entfernt.

Kladower Fähranlegestelle

Potsdamer Havellandschaft

Glienicker Brücke und Große Neugierde

1 S R **Wannsee**: Tunnel-Ausgang Schiffsanlegestelle (Aufzug) und *Kronprinzessinnenweg* (bald), am Ende rechts *Königstraße* () ~ 900m ⇨ 2 rechts *Am Großen Wannsee* (), nach kurzer Fahrt Gabelung rechts *Am Großen Wannsee* () ~ 1,6km ⇨ 3 hinter **Haus der Wannsee-Konferenz** links *Zum Heckeshorn* ~ 770m ⇨ 4 kurz *Straße zum Löwen* links, dann rechts *Lindenstraße*, dieser in mehreren Knicken folgen ~ 610m ⇨ 5 gleich hinter Linksknick der *Lindenstraße* in *Braschzeile* schräg rechts Waldweg (Bordsteinabsenkung) und bald *Pfaueninselchaussee* rechts (), am Ende lange Abfahrt ~ 2,3km ⇨ 6 am **Wirtshaus Pfaueninsel** links Uferpromenade (u.a. Moorlake) ~ 1,6km ⇨ 7 am **Wirtshaus Moorlake** rechts *Moorlakeweg* () ~ 1,8km ⇨ 8 rechts über **Glienicker Brücke** nach **Potsdam**, dort gleich *Schwanenallee* rechts (Potsdam-Route) ~ 840m ⇨ 9 geradewegs um über Schwanenbrücke in **Neuen Garten**, dort unweit **Heiliger See** Gabelung rechts () ~ 1,3km ⇨ 10 hinter Meierei + rechts *Bertinistraße* (frei), am Ende um geradewegs nach Anstieg in *Fritz-von-der-Lancken-Straße* ~ 1,5km ⇨ 11 über *Nedlitzer Straße* in *Viereckremise*, kurz darauf rechts *Am Golfplatz 1-19* (geradeaus ***Abst. Volkspark***) ~ 1,0km ⇨ 12 + geradeaus *Am Golfplatz* ~ 700m ⇨ 13 in **Nedlitz** + rechts *Lerchensteig* ~ 1,0km ⇨ 14 + links über Brücke nach **Neu Fahrland** (*Tschudistraße*) ~ 860m ⇨ 15 kurz vorm schräg rechts Waldweg (), am Ende über *Am Stinthorn* () in *Ganghoferstraße* ~ 780m ⇨ 16 an geradewegs auf der B2 (*Am Wiesenrand*,) ~ 1,7km ⇨ 17 + rechts Landstraße nach Sacrow, im weiteren Verlauf geradewegs durch **Sacrow** (***Abst. Heilandskirche:*** rechts *Fährstraße* bis Zugang zum Park) auf *Kladower Straße* ~ 7,4km ⇨ 18 in **Berlin-Kladow** bald *Sacrower Kirchweg* rechts () ~ 830m ⇨ 19 *Imchenallee* rechts (fester Sand) ~ 1,2km ⇨ 20 **Fähranleger Kladow**: Wannsee-BVG-Fähre (Fahrschein Person + Rad!) ⇨ 21 **Fähranleger Wannsee**: rechts *Rønnebypromenade*, an Anlegebrücke 1 links , nach kurzem Anstieg Kreuzung rechts und weiter bergan, am Ende über *Kronprinzessinnenweg* und links zurück zum ~ 510m ⇨ S-/R **Wannsee**

Krampnitz
ehem. Kasernen
Groß Glienicke
B2
17
Rotkehlweg
Gellertstraße
Am Wiesenrand
Krampnitzsee
Potsdam-Route
16
B2
Ganghofer-str.
Am Stinth.
Heineholz
Sacrower
Neu Fahrland
H.-Heine-W.
15
Lehnitzsee
Tschudistr.
Weißer See
Römerschanze
Nedlitz
Lerchensteig
14
Sacrower See
Kladower Straße
13
Am Golf-
straße
Nedlitzer Str.
Jungfernsee
Königswald
Amundsen-
platz
12
Sacrow
Gr. Hämphorn
Meedehorn
11
F.-v. d. Lancken-Str.
Nedl. Str.
Schloss
Fährstr.
Viereck-remise
Volkspark Potsdam
Rote Kas.
Bertinistr.
Heilandskirche
Krughorn
Wirtshaus Moorlake
Meierei
Eremitage
Quappenhorn
10
Brandenburg
Berlin
Park
Wasserfall
7
Biosphäre
Belvedere
Pfingstberg
Schloss Cecilienhof
Potsdam-Route
Uferpromenade
Teufelsbrücke
Kl.-Glien.
Nikolskoer W.
B2
Neuer Garten
Kongsnaes
Schwanenal.
9
8
Schloss Kl. Glienicke
Villa Schöningen
Marmorpalais
Heiliger See
Glien. Brücke
Klein-Glienicke (zu Potsdam)
Pappelallee
Russ. Kol. Alexandrowka
Ruinenberg
Berliner Str.
Tiefer See
B273
POTSDAM
Park Babelsberg
Schloss Sanssouci
Arbeitsgemeinschaft »Städte mit historischen Stadtkernen« des Landes Brandenburg

Maßstab 1:49.000
0
1
2km
GPS-Track: www.klaras-verlag.de/tracks/
Wannsee_Sacrow_Kladow
Berliner Mauerweg
Havel-Radweg
Bln-
Kladow
BERLIN
Ritterfelddamm
Kladower Damm
Sacr. Landstr.
Kirchw.
Imchen-
allee
Fähr-
anleger
Imchen
Schwanenwerder
Sacrower
BVG-
Fähre
Wannsee-
Route
Kälberwerder
Gr. Tiefehorn
Stupe Ecke
Havel
Großer
Strandbad
Wannsee
Heckeshorn
Klinik
Heckeshorn
Flensburger
Löwe
Haus der
Wannsee-
konferenz
Colomierstr.
Liebermann-
Villa
Pfaueninsel
Schloss
Wirtshs
Pfauen-
insel
Düppeler
Forst
Wannsee-
Route
Pfaueninselchaussee
Kirche St. Peter
und Paul
BVG frei
Lindenstr.
Braschz.
Z. Heckesh.
Zum Löwen
Am Gr. Wannsee
Wannsee
Kronprinzess.-weg
Fähr-
anleger
Wannsee
Loretta
Potsdamer Ch.
B1
Wannsee-
Route
Schäferberg
Königstraße
Chausseestr.
Stolpe
Kleiner Wannsee
Stahnsd. Damm

Potsdam in einem Dreh

20km

England, Holland, Italien, Russland, China: wer eine Weltreise unternehmen möchte, braucht nur einen Tagesausflug nach Potsdam zu machen: Kurfürsten, Könige und Kaiser ließen hier ihre Träume und Sehnsüchte zu Stein werden. Über mehrere Jahrhunderte entstand ein kulturelles Gesamtkunstwerk, das inzwischen zum UNESCO-Weltkulturerbe gehört.
Für eine Radtour ist Potsdam wie gemacht, denn zum einen gibt es schöne Radrouten, zum anderen sind auch die Verbindungswege zwischen den großen Attraktionen voller weiterer Überraschungen, einladender Plätze und schöner Ansichten. Zudem locken Cafés, Restaurants und Biergärten immer wieder zum Rasten, sogar Bademöglichkeiten bieten sich. Traumhafte Aussichtspunkte bereichern die Tour auf ungewöhnliche Weise. Als neue Attraktion ist der Volkspark mit der Biosphären-Halle hinzugekommen, ein bei Potsdamern beliebtes Ausflugsziel.
Die Strecke führt überwiegend über kleinere Straßen, Radspuren oder Radwege, in der Brandenburger Straße durch eine Fußgängerzone. In den großen Parks geht es über ausgewiesene Radwege. Zur Historischen Mühle, am Pfingstberg und kurz am Babelsberger Park sind Anstiege zu absolvieren, ansonsten ist die Tour flach.

A10 (südl. Berliner Ring) bis ASt Michendorf und weiter B2 bis Potsdam, A10 (westl. Berliner Ring) bis ASt Pdm Nord und weiter B273 nach Potsdam, ansonsten B1 (Bln-Mitte - Brandenburg) oder B2 (Bln-Spandau - Beelitz) bis Potsdam

P am Hbf Potsdam (kostenpflichtig)

★ Freundschaftsinsel, Stadtschloss m. Fortunaportal, Nikolaikirche, Altes Rathaus, Marstall, Brandenb. Tor, Park Sanssouci und Schloss Sanssouci, Chin. Haus, Neues Palais, Belvedère auf dem Klausberg, Drachenhaus, Orangerie, Hist. Mühle, Neue Kammern, Jägertor, Nauener Tor, Holländ. Viertel, Russ. Kolonie Alexandrowka, Neuer Garten m. Schloss Cecilienhof, Glienicker Brücke, Schloss u. Park Klein-Glienicke, Jagdschloss Kl.-Glienicke, Kap. Klein-Glienicke, Schweizer Häuser, Schlosspark Babelsberg mit Schloss Babelsberg, Pumpenhaus, Kl. Schloss, Gerichtslaube, Flatowturm

M Filmmuseum im Marstall (filmmu~seum.de), Schloss Sanssouci, Neues Palais, Hist. Mühle, Neue Kammern (alle: spsg.de), Russ. Kol. Alexandrowka (alexandrow~ka.de), Schloss Cecilienhof, Marmorpalais (beide: spsg.de), Villa Schöningen, Schloss Babels-Berg (spsg.de)

Belvedère Klausberg und Pfingstberg, Gr. Neugierde, Flatowturm

Heiliger See, Tiefer See

Brandenb. Straße, Luisenplatz, Drachenhs, Nauener Tor, Holländ. Viertel, Russ. Kolonie Alexandr., Volkspark, Belv. Pfingstberg, Schl. Kl.-Glienicke, Kl.-Glienicke, Kleines Schloss Park Babelsberg

S1 (Oranienburg - Pdm Hbf), RE1 (Eisenhüttenstadt / Frankfurt [O.] - Berlin - Pdm Hbf - Brandenburg / Magdeburg), RB20 (Oranienburg - Pdm Hbf), RB21 (Wustermark - Griebnitzsee), RB23 (Michendorf - Pdm Hbf) bis Potsdam Hbf

Am Nauener Tor

Die erste Bahnlinie Preußens endete dicht am Potsdamer Stadtschloss, und so sind es heute nur wenige Tritte vom **Hauptbahnhof** zum jüngst wiederaufgebauten **Stadtschloss**. Es grenzt an den **Alten Markt**, der mit Nikolaikirche und Altem Rathaus von weiteren attraktiven Bauten gesäumt wird. Zunächst auf einem Radweg, dann auf beruhigter Straße nähern wir uns der belebten und beliebten **Brandenburger Straße** – da ist es keine Schmach für Radler, das Rad ein Stück zu schieben. Am Ende erwartet uns ein römischer Triumphbogen, das **Brandenburger Tor**. Jetzt können wir wieder Fahrt aufnehmen und steuern in den **Park Sanssouci**. Traumhaft baut sich das Schloss Sanssouci auf den Weinbergterrassen auf. Vorbei am Chinesischen Haus, verlassen wir am **Neuen Palais**, dem größten Schloss der Gegend, den Schlosspark. Es bleibt aber prachtvoll, denn auf der Maulbeerallee setzen wir die Weltreise fort und streifen zunächst das **Belvedère auf dem Klausberg** und das Chinesische Drachenhaus, dann das italienischen Vorbildern nachempfundene **Orangerieschloss**. Der Anstieg auf den Mühlenberg beschert uns einen längeren Blick auf die **Historische Mühle**, dann umkurven wir das **Schloss Sanssouci** – Gelegenheit zum Absteigen und für ein paar Schritte in den Park. Nun folgt die Abfahrt zurück in die Altstadt. Vorbei am **Jägertor** erreichen wir mit dem **Nauener Tor** ein Gebäude, das schottische Wurzeln hat. Gleich daneben liegt Holland in Gestalt des **Holländischen Viertels**. Weiter auf der Weltreise steuern wir nun Russland an: Bergan geht es in die **Russische Kolonie Alexandrowka** und dabei ein paar Mal über Straßenbahngleise, also: aufgepasst! Nun visieren wir die jüngste Parkanlage an, den Volkspark. Er wartet mit einem großen Angebot an Spiel- und Sportplätzen auf, einem Imbiss und Café und der Biosphärenhalle mit der tropischen Pflanzenwelt. Dann folgt ein Anstieg, der uns an den Ausläufern des Pfingstberges entlang führt. Wer möchte, kann einen ***Abstecher zum Belvedère auf dem Pfingstberg*** machen – die Aussicht ist grandios. Von Bäumen etwas verdeckt liegt davor antikes Griechenland: der **Pomona-Tempel**, an dem am Wochenende bisweilen Kaffee und selbstgebackener Kuchen angeboten werden. Kurz darauf ist der **Neue Garten** erreicht. Radler dürfen den Weg am Jungfernsee nutzen, der an der Meierei beginnt. An der Rückseite des **Schlosses Cecilienhof** – im Fachjargon englischer Cottage-Stil – vorbei, radeln wir am **Heiligen See** entlang, wo sich eine große Picknickwiese befindet. An der **Glienicker Brücke** rollen wir dann kurz über Berliner Boden. Mit Blick auf das **Schloss Klein-Glienicke**, das uns noch einmal nach Italien versetzt, kommen wir nach **Klein-Glienicke**. Der beschauliche Potsdamer Ortsteil war zu Mauerzeiten nur über eine Brücke zu erreichen. Jetzt wird es alpenländisch, denn wir streifen die **Schweizer Häuser**. Zum Abschluss folgt der **Babelsberger Park**, durch den wir ebenfalls auf dem Uferweg radeln dürfen. Hoch über uns das Schloss im Tudorstil, bekommen wir einen schönen Blick auf die Glienicker Brücke und können etwas weiter noch einmal ins Wasser springen. Auf den letzten Metern begleitet uns dann die Havel, bis hinter der **Nuthemündung** wieder der **Hauptbahnhof** erreicht ist.

Am Schloss Sanssouci

Im Neuen Garten am Jungfernsee

1 S R **Potsdam Hbf** (Ausg. Lange Brücke): *Lange Brücke* über Havel (rechts ***Abst. Freundschaftsinsel***), am Ende rechts am **Stadtschloss** entlang () ~ 410m ⇨ 2 links *Alter Markt* und am **Fortuna-Portal** entlang, kurz darauf *Friedrich-Ebert-Straße* rechts () ~ 750m ⇨ 3 links *Brandenburger Straße* (, rechts: ***Abst. Bassinplatz***) ~ 680m ⇨ 4 durchs **Brandenburger Tor** über und schräg rechts über *Luisenplatz* in *Allee nach Sanssouci* ~ 300m ⇨ 5 geradewegs durch **Grünes Gitter** in **Park Sanssouci** (*Am Grünen Gitter*), am Ende Rechtsknick ~ 450m ⇨ 6 *Ökonomieweg* links (Asphalt) ~ 1,7km ⇨ 7 hinter **Neuem Palais** rechts über großen Platz ~ 400m ⇨ 8 um auf der Straße *Am Neuen Palais*, kurz darauf *Maulbeerallee* rechts (streckenweise) und vorbei an **Orangerieschloss**, **Hist. Mühle** und **Schloss Sanssouci** ~ 2,3km ⇨ 9 in Abfahrt *Schopenhauer Straße* () rechts (, Fußgänger) ~ 570m ⇨ 10 dritte links Mittelstreifen der *Hegelallee* (an kreuzenden Straßen!) ~ 790m ⇨ 11 links durchs **Nauener Tor** (Straßenbahn , kleine Durchfahrt rechts der Hauptdurchfahrt,) in *Friedrich-Ebert-Straße* () ~ 630m ⇨ 12 geradewegs über *Alleestraße* () in *Puschkinallee*, und gleich schräg links *Russische Kolonie 12+13* (Straßenbahn) in **Russische Kol. Alexandrowka** ~ 500m ⇨ 13 über Straßenbahngleise (), dann links *Kiepenheuer Allee* () ~ 770m ⇨ 14 Straße endet hinter Einmündung *Horst-Bienek-Straße*: kurz geradeaus , dann rechts in **Volkspark Potsdam** (Eintritt) und stets breitem Asphaltweg folgen ~ 370m ⇨ 15 Kreuzung nahe **Biosphäre**: rechts breiter Asphaltweg und bald durch Haupteingang ~ 300m ⇨ 16 links versetzt über *Georg-Hermann-Allee* (Straßenbahn) in *Esplanade*, bald geradewegs über *Nedlitzer Straße* (B2,) in *Am Pfingstberg*, am Ende Rechtsknick der Straße folgen, bald Abfahrt () ~ 1,3km ⇨ 17 an Einmündung der *Höhenstraße* links *Große Weinmeisterstraße* ~ 160m ⇨ 18 geradewegs über *Am Neuen Garten* () in **Neuen Garten** (freiwilliger Eintritt) und gleich links Schotterweg ( ), zunächst in Sichtweite des **Schlosses Cecilienhof** am **Jungfernsee** entlang ~ 1,2km ⇨ 19 schräge Kreuzung nahe **Heiliger See**: links und bald über Schwanenbrücke in *Schwanenallee* ~ 750m ⇨ 20 links *Berliner Straße* () über **Glienicker Brücke** nach **Berlin** () ~ 560m ⇨ 21 hinter H rechts Asphaltweg ( ) ~ 290m ⇨ 22 in **Klein-Glienicke** am Ende *Wilhelm-Leuschner-Straße* rechts und gleich am Ende *Waldmüllerstraße* links () ~ 280m ⇨ 23 *Lankestraße* ( ) rechts ~ 140m ⇨ 24 rechts in den **Babelsberger Park** (freiwilliger Eintritt) auf Uferpromenade (ab **Kleinem Schloss** Asphalt) ~ 2,4km ⇨ 25 hinter Parkmauer rechts *Am Babelsberger Park* (entgegenkommende Radfahrer) ~ 560m ⇨ 26 an Zufahrt zum **Strandbad** links () und bald unter Nuthe-Schnellstraße hindurch, Schotterweg in Wassernähe folgen ~ 990m ⇨ 27 im **Nuthepark** hinter Nuthe-Brücke breitem Weg schräg rechts folgen und an Havel zurück zum ~ 530m ⇨ S R **Potsdam Hbf**

POTSDAM
Arbeitsgemeinschaft »Städte mit historischen Stadtkernen« des Landes Brandenburg
Bornstedt
Volkspark
Potsdam
Park Sanssouci
Brandenburger Vorstadt
Potsdamer Straße
Pappelallee
Ruinenberg
Bornstedter See
Bornstedter Str.
Amundsenstr.
Schloss Lindstedt
Belvedère (Klausb.)
Drachenhaus
Bornst. Friedh.
Krongut Bornst.
Orangerie
Maulbeerallee
Mühle
Zur Hist. Mühle
Schloss Sanssouci
Jubil.-terrasse
Neue Kammern
Hauptallee
Neues Palais
Communs
Chin. Haus
Ökonomieweg
Friedenski.
Allee n. Sanss.
A. Grünen Gitter
Luisenpl.
Brandenb. Tor
Schopenh. Str.
Hegel-allee
Jäger-allee
Jäger-tor
Nauener Tor
Stadt-verw.
Brandenb. Str.
Charl. str.
Yorckstr.
Gr. Militär-waisenhs
Breite Str.
Dortu-
Moschee
Neustädter Havelbucht
Marstall
Schloss Charlottenhof
Geschwister-Scholl-Straße
Am Neuen Palais
Pdm-Park Sanssouci
Potsdam-Charlottenhof
Zeppelin-straße
Havel
Vorderkappe
Leipziger
Kiepenheuer Allee
Eingang Parktor
Haupt-eingang
Esplanade
Biosphäre
Belvedère
Pomona-Temp.
Jüd. Friedh.
A.-Newski-Kapelle
Russ. Kol. Alexandrowka
Am Schragen
Jägerallee
Nedlitzer Str.
Am Pfingstberg
Ebert-Straße
Potsdam-Route
B2
B273
B1
1 2 4 5 6 7 8 9 10 13 14 15 16
Berliner Mauerweg
GPS-Track: www.klaras-verlag.de/tracks/potsdam_schloesser_parks
0 1 2km
Maßstab 1:30.000

Pfaueninsel-schloss
Sacrower Heilandskirche
Jungfernsee
Quappenhorn
Wannsee-Route
Potsdam-Route
Meierei
Eremitage
Schloss Cecilienhof
Grünes Haus
BERLIN
Park
Kl.-Glien.
Berlin Brandenburg
Neuer Garten
Am Pfingstberg
Höhenstr.
Weinmeisterstr.
Pfingstberg
Jüd. Friedh.
Puschk.
Kongsnæs
Schwanenallee
Glienicker Br.
Schloss Kl.-Glien.
Löwent.
Königstraße
B1
Mövenstr.
Kl.-Glienicke
Villa Schöningen
Jagdschl. Glienicke
Glienicker Lake
Waldmüllerstr.
Lankestr.
Marmorpalais
Heiliger See
Am Neuen Garten
Puschkinallee
Am Schragen
Russ. Kol.
Allee-str.
Berliner Straße
Berliner Vorst.
B1
Pumpenhaus
Kleines Schloss
Schloss Babelsberg
K.-Marx-Str.
Tiefer See
Park Babelsberg
Gr. Umfahrweg
Behlert-Straße
H.-Thoma-Str.
Stadt-verw.
Nauener Tor
Kurfürstenstr.
Holl. Viertel
Ebert-Straße
Theater
Flatowturm
Glienicke
Allee nach Glienicke
Kl. St. Peter u. Paul
Franz. Ki.
Humboldt-br.
Babelsberg
Am Kanal
Berliner Str.
Havel
Am Babelsb. Park
Nuthe
Humboldtring
Alt-Nowawes
Karl-Liebknecht-Str.
Nikolaiki.
Rathaus
Marstall
Stadtschl.
Freundsch.-insel
Nuthepark
Weberpl.
Lustgarten
Lange Br.
Babelsb. Str.
Rudolf-Breitscheid-Str.
Friedrich-List-Straße
Potsdam Hbf
Engels-Str.
Friedrich-Engels-Str.
Babelsberg
B2
Teltower Vorstadt
Heinrich-Mann-Allee
Leipziger Straße
Brauhausberg
Nuthestraße
Horstweg
Großbeerenstraße

Info

Potsdam wächst königlich: Die Stadterweiterungen

Alte Wache

Stadtmauer in der Großen Fischerstraße

Verglichen mit anderen Städten des Landes setzte die Blütezeit Potsdams erst spät ein, nachdem der Große Kurfürst die herrlich zwischen hügeligen Wäldern und Seen gelegene Stadt Potsdam für sich entdeckt hatte. Ein starkes Bürgertum besaß die Stadt nicht, und so konnten die Regenten den Werdegang nach ihren Wünschen und Vorstellungen lenken. Bereits unter dem Soldatenkönig war die Stadt zu klein geworden. Hofhaltung, geworbene Handwerker, Gewerbe, entstehende Fabriken und zunehmend Soldaten benötigten Platz zum Wohnen, Arbeiten und Leben. Eigens für die Soldaten entstanden über die ganze Stadt verteilt etliche Kasernen, dazu die Garnisonkirche, das Militärwaisenhaus und die Stadtschule. Mehrmals wurde Potsdam erweitert – planmäßig unter Beteiligung namhafter Architekten und Baumeister. Die Stadtmauer musste jedes Mal umgesetzt werden, einige Tore ebenfalls. Allein in der Herrschaftszeit Friedrichs des Großen wuchs Potsdam um 621 Bürgerhäuser und 99 Kasernen an.

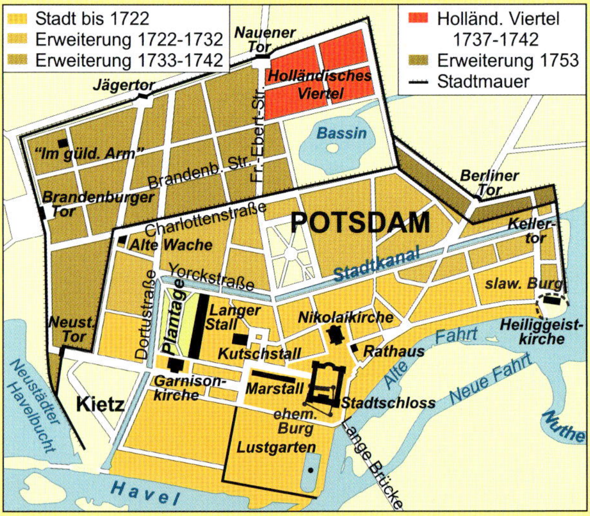

Die barocken Stadterweiterungen (aus: Rasmus: Städte erzählen Geschichte, 2004)

Königliches Pflaster: Potsdam

★ 🏛 M ☼ 🌳 🍽 **6,6km**

Potsdam gilt als eine der schönsten Städte Europas. Als frühere Residenzstadt hat die Hauptstadt Brandenburgs viel zu zeigen, prunkvolle Schlösser und prächtige Bauten der Hofhaltung, große Parks, historische Bebauung, herrliche Alleen und schmucke Wege. Der Große Kurfürst wählte Potsdam am Ausgang des 17. Jahrhunderts als zweite Residenzstadt aus und begründete eine rund 250 Jahre währende Hohenzollern-Epoche. Bereits frühzeitig tauchten Soldaten im Stadtbild auf, anfangs noch in Bürgerquartieren untergebracht. Um die Soldaten am Desertieren zu hindern, erhielt Potsdam eine Stadtmauer. An den Stadttoren, von denen einige bis heute erhalten geblieben sind, konnte zugleich eine Steuer auf den Warenhandel erhoben werden, die Akzise. Stadtmauer und Stadttore mussten mehrmals umgesetzt werden, um planmäßigen Erweiterungen der Stadt Platz zu machen. So entstand u.a. das Holländische Viertel, das Handwerker aus Holland anlocken sollte – in Preußen bestand meist großer Bedarf an Fachleuten. 1918 endete die Hohenzollernzeit, das Schloss Cecilienhof war gerade fertig gestellt.

Im Zweiten Weltkrieg wurden Teile der Stadt stark zerstört. Der Wiederaufbau orientierte sich zunächst an den historischen Formen, bis politische Vorgaben zu einem grundlegenden Wandel führten. Das beschädigte Stadtschloss wurde beseitigt und Plattenbauten hielten Einzug. Mit der politischen Wende von 1989 richtete sich der Fokus auf den Erhalt der Substanz, in den 1990er Jahren wurden Teile Potsdams in die UNESCO-Weltkulturerbeliste aufgenommen.

★ Freundschaftsinsel, Stadtschloss m. Fortunaportal, Nikolaikirche, Altes Rathaus, Marstall, Neuer Markt, Stadtkanal, Brandenb. Tor, Friedenskirche, Park und Schloss Sanssouci, Museumshaus im Güldenen Arm, Jägertor, Nauener Tor, Holländisches Viertel, Kirche St. Peter u. Paul, Franz. Kirche, Stadtmauer, ehem. Heilig-Geist-Kirche

M Potsdam-Museum im Alten Rathaus (potsdam.de), Filmmuseum im Marstall (filmmuseum.de), Haus der Brandenb.-Preuß. Geschichte (hbpg.de), Schloss Sanssouci (spsg.de), Museumshaus im Güldenen Arm, Jan-Bouman-Haus (jan-bouman-haus.de), Potsdam-Museum im Holländischen Viertel

☼ Weinbergterrassen Sanssouci, ehem. Heilig-Geist-Kirche (Café)

🌳 Alteichen am Bassinplatz

Freundschaftsinsel

🍽 Marstall, Brandenburger Straße, Luisenplatz, Hegelallee, Nauener Tor, Holländisches Viertel, ehem. Heilig-Geist-Kirche (Sa- u. So-Nachmittag), Freundschaftsinsel

🚆 S1 (Oranienburg - Pdm Hbf), RE1 (Eisenhüttenstadt / Frankfurt [O.] - Berlin - Pdm Hbf - Brandenburg / Magdeburg), RB20 (Oranienburg - Pdm Hbf), RB21 (Wustermark - Griebnitzsee), RB23 (Michendorf - Pdm Hbf) bis Potsdam Hbf

🚗 A10 (südl. Berliner Ring) bis ASt Michendorf und weiter B2 bis Potsdam, A10 (westl. Berliner Ring) bis ASt Pdm Nord und weiter B273 nach Potsdam, ansonsten B1 (Bln-Mitte - Brandenburg) oder B2 (Bln-Spandau - Beelitz) bis Potsdam

P am Hbf Potsdam (kostenpflichtig)

Das wieder aufgebaute Potsdamer Stadtschloss

Gleich auf den ersten Schritten, die uns vom großen **Potsdamer Hauptbahnhof** zur Langen Brücke und über die Havel bringen, sehen wir einen imposanten Neubau: das **Stadtschloss**. Es fügt sich harmonisch in die umgebende Bebauung mit Marstall, Nikolaikirche, Altem Rathaus und Knobelsdorffhaus – so war es auch gedacht, als das Pro und Contra eines Wiederaufbaus abgewogen wurden. Am Schloss entlang, peilen wir die **Nikolaikirche** an, die mit den anderen Bauten den Alten Markt säumt. Das Fortunaportal des Stadtschlosses, 1701 anlässlich der Krönung des ersten Preußenkönigs errichtet, bietet einen würdigen Zugang zum Schloss.

Über die erst in DDR-Zeiten in dieser Breite angelegte Friedrich-Ebert-Straße hinweg, erreichen wir die Rückseite des **Marstalls**. Die Vorderseite dieses ursprünglichen königlichen Pferdestalls ist noch schöner. Kurz darauf ist der **Neue Markt** erreicht, fast ganz von historischer Bebauung umschlossen. In der Mitte die Ratswaage, lenkt der Vierspänner auf der Durchfahrt zum ehemaligen königlichen Kutschstall unseren Blick nach oben. Heute erwartet das Haus der brandenburgisch-preußischen Geschichte hier die Besucher.

Vierspänner am Alten Kutschstall

Wieder ein paar Schritte gemacht, ist der einer holländischen Gracht nachempfundene, rekonstruierte Abschnitt des **Stadtkanals** erreicht. Die Bänke zu beiden Seiten sind verlockend, es herrscht allerdings reger Verkehr auf der Yorckstraße. Etwas weiter die Charlottenstraße gequert, stoßen wir auf die **Brandenburger Straße**. Sie ist die belebteste Straße der Stadt und fest in Fußgängerhand. Am einen Ende die katholische Kirche St. Peter und Paul, visieren wir das andere Ende an. Hier erhebt sich das **Brandenburger Tor,** einst prachtvolles Ende der Altstadt und zugleich schmucker Zugang zum Park Sanssouci. Den erreichen wir am **Grünen Gitter**, neben dem die Friedenskirche aufragt. König Friedrich Wilhelm IV., der Bauherr der Kirche, liegt hier begraben. Er hat wie Friedrich der Große viele Bauprojekte in der Stadt verwirklichen lassen, etwa das Belvedère auf dem Pfingstberg, das Orangerieschloss von Sanssouci oder die Sacrower Heilandskirche.

Eine wunderschöne Kastanienallee führt uns in den Park hinein, bis nach einem Rechtsknick unser Blick prompt auf das **Schloss Sanssouci** fällt – klasse! Wir gehen bis an die Weinbergterrassen des Schlosses heran, dann wenden wir uns wieder der Altstadt zu. Wobei: Es lohnt sich, noch länger durch den Park zu streifen – manch Potsdam-Besucher plant einen ganzen Tag für den Schlosspark ein.
Am **Obelisken** verlassen wir den Park und treffen kurz darauf auf die breite **Hegelallee**. Auf dem heute den Fußgängern und Radlern vorbehaltenen Weg in der Mitte stand einst die Stadtmauer. An der ersten Querstraße bietet sich ein Schwenk zum ***Museumshaus im Güldenen Arm*** an, einem schmucken Bau im ursprünglichen Stil. Zwei Stadttore sind im Verlauf der Stadtmauer bis heute erhalten geblieben, zunächst das **Jägertor** und dann das **Nauener Tor**. An dieses reicht das Holländische Viertel heran, ein einzigartiges Stadtquartier aus roten Backsteinen im holländischen Stil. Gaststätten und Cafés in schönster Lage locken zur Einkehr, daneben kleine Geschäfte zum Bummeln. Am **Bassinplatz** weitet sich der Blick, wir sehen urige Bäume auf der einen Seite und nochmals die Kirche St. Peter und Paul. Über die schmucke Grünanlage und am sowjetischen Ehrenfriedhof vorbei, peilen wir die **Französische Kirche** an – kein Weg führt direkt dorthin, wir haben die Wahl.
An der Kirche entlang geht es zwischen historischer Bebauung und dem **Ernst-von-Bergmann-Klinikum** zur Berliner Straße. Hier müssen wir einen Haken schlagen, um an einer Ampel die Straße zu queren. Bald entdecken wir am Beginn des hier ebenfalls wieder hergestellten Stadtkanals die Havel. Sie lenkt uns, an Resten der Stadtmauer entlang, zum früheren Standort der Heilig-Geist-Kirche. Heute steht hier ein Seniorenheim, das der Gestalt der früheren Kirche nachempfunden ist. Unter der Kirche wurden die Reste der slawischen Burg entdeckt, die als Keimzelle Potsdams gelten. Den Abschluss bildet die **Freundschaftsinsel** mit ihren lauschigen Plätzchen und vielerlei Wissenswertem rund um Gartenpflanzen. Schließlich ist wieder die **Lange Brücke** erreicht, und es sind nur ein paar Schritte zum **Hauptbahnhof**.

Brandenburger Tor

1 S R **Potsdam-Hbf** (Ausgang Lange Brücke): über *Babelsberger Straße* auf *Lange Brücke* über **Havel** (Altes Rathaus) ~ 230m ⇨ 2 am **Stadtschloss** rechts *Humboldtstraße* (), am Ende am *Alten Markt* links weiter am Stadtschloss entlang (), am Ende geradewegs über *Friedrich-Ebert-Straße* (Straßenbahn) in *Schloßstraße* und an Rückseite des **Marstalls** entlang ~ 460m ⇨ 3 *Am Neuen Markt* rechts und bald schräg links über ***Neuen Markt*** in *Siefertstraße* ~ 250m ⇨ 4 *Yorckstraße* links und bald auf andere Seite des **Stadtkanals** wechseln, am Ende *Dortustraße* rechts ~ 380m ⇨ 5 geradewegs über *Charlottenstraße* (), nächste Kreuzung links (***Brandenburger Straße***) ~ 490m ⇨ 6 geradewegs durchs **Brandenburger Tor** über *Schopenhauer Straße* () und schräg rechts über *Luisenplatz* in *Allee nach Sanssouci* ~ 300m ⇨ 7 geradewegs durchs **Grüne Gitter** (freiwilliger Eintritt), am Ende nach Rechtsknick auf **Weinbergterrassen des Schlosses Sanssouci** zu ~ 620m ⇨ 8 an **Großer Fontäne** rechts *Hauptallee* (***Abst. Neues Palais***: *Hauptallee* links) ~ 425m ⇨ 9 am **Obelisken** rechts *Schopenhauer Straße* ~ 160m ⇨ 10 links auf Mittelstreifen der *Hegelallee* (, Nauener Tor), später am **Jägertor** vorbei ~ 760m ⇨ 11 am **Nauener Tor** rechts *Friedrich-Ebert-Straße*, erste Gelegenheit links *Mittelstraße* ins **Holländische Viertel** ~ 290m ⇨ 12 rechts *Benkertstraße*, am Ende leicht links versetzt Fußweg über **Bassinplatz** und im Links- oder Rechtsbogen zur **Französischen Kirche** (Kuppelbau) ~ 290m ⇨ 13 über *Hebbelstraße* in *Charlottenstraße* und am **Ernst-von-Bergmann-Klinikum** entlang ~ 350m ⇨ 14 *Berliner Str.* rechts zur , auf anderer Straßenseite kurz zurück, dann schräg rechts *Am Kanal* ~ 480m ⇨ 15 rechts *Große Fischerstraße*, am Ende auf Havel-Uferweg überwechseln ~ 480m ⇨ 16 schräg rechts bergan und über Brücke auf **Freundschaftsinsel**, dort rechts ~ 520m ⇨ 17 links *Lange Brücke* zurück zum ~ 130m ⇨ S R **Potsdam-Hbf**

Im Holländischen Viertel

GPS-Track: www.klaras-verlag.de/
tracks/potsdam_spaziergang
Tiefer See
Strandbad Babelsberg
Theater
Humboldtbr.
Havel
Humboldtring
Nuthe
Berliner Vorstadt
Neuer Garten
Heiliger See
Behlerstraße
H.-Thoma-Str.
Nuthestraße
Berliner Straße
Türkstr.
Ernst-von-Bergmann-Klinikum
Gutenbergstr.
Mittelstraße
Kurfürstenstr.
Holl. Viertel
Bassinpl.
Benkerts.
Ki. St. Peter u. Paul
Franz. Ki.
Charl.-str.
Am Kanal
Burgstr.
Hl.-Geist-Str.
Gr. Fi.-str.
Stadtmauer
ehem. Heilig-Geist-Ki.
Alte Fahrt
Neue Fahrt
Freundsch.-insel
Nuthepark
Potsdam Hbf
Babelsb. Str.
Friedrich-List-Straße
Friedrich-Engels-Str.
Lange Br.
Knobelsd.-haus
Rathaus
Alter Markt
Nikolaiki.
Stadtschl.
Humb.-str.
Schloßstr.
Marstall
Lustgarten
Friedrich-Ebert-Straße
Nauener Tor
Stadtverw. (Rath.)
Nauener Vorstadt
Jägerallee
Jägertor
Stadtverw.
Hegelallee
Charlottenstraße
Brandenburger Str.
Gutenbergstr.
Yorckstr.
Neuer Markt
Siefertstr.
Am Neuen Markt
Glockensp.
Dortustr.
Lindenstr.
Gr. Militärwaisenhs
Breite Str.
Brandenb. Tor
Luisenpl.
Allee n. Sanss.
Obelisk
Schopenhauer Str.
Friedensteich
Friedenski.
Park Sanssouci
Am Grünen Gitter
Ökonomieweg
Hauptallee
Weinb.-ter.
Schloss Sanssouci
Zur Hist. Mühle
Ruinenberg
Brandenburger Vorstadt
Moschee
Neustädter Havelbucht
POTSDAM
Arbeitsgemeinschaft »Städte mit historischen Stadtkernen« des Landes Brandenburg
Vorderkappe
Potsdam-Charlottenhof
Zeppelinstr.
Maßstab 1:18.000
0
250
500
750
1000m
B1
B2
B273

Sanssouci – Architektur und Gartenkunst von Weltrang

Der Park Sanssouci ist die berühmteste Gartenanlage der Potsdamer Parklandschaft und zugleich auch die größte. Begründer des Parks und des gleichnamigen Schlosses ist Friedrich der Große, der hier einen Ort schaffen wollte, an dem er ohne Sorgen sein konnte. Der Wunsch, hier begraben zu werden, wurde erst 1991 erfüllt. Das Schloss steht am Gipfel der Weinbergterrassen und besitzt noch die ursprüngliche Ausstattung aus dem 18. Jahrhundert. Entworfen wurde der Bau von G. W. von Knobelsdorff, der zuvor bereits den Bau des Rheinsberger Schlosses zu einem guten Ende gebracht hatte. In Sanssouci durchkreuzte der König die Entwürfe immer wieder. So wollte Knobelsdorff das Schloss dicht an die Weinbergterrassen setzen, um es beim Blick vom Parterre aus nicht optisch

★ Schloss Sanssouci, Neues Palais m. Communs, Schloss Charlottenhof, Orangerieschloss, Neue Kammern, Bildergalerie, Chin. Haus, Friedenskirche, Römische Bäder, Drachenhs, Belvedère Klausberg, Hist. Mühle u.v.m.; im Umfeld: Schloss Lindstedt; Dorfki., Friedhof und Krongut Bornstedt; Teufelsbrücke, Dampfmaschinenhaus

M Schl. Sanss., Neues Palais, Hist. Mühle, Bildergal. (alle: spsg.de)

i Besucherzentrum an d. Hist. Mühle Besucherzentr. am Neuen Palais (spsg.de/Besucherzentrum.html)

Besucherinfo, Hist. Mühle, Drachenhaus, Krongut Bornstedt, Allee n. Sanssocui, Brandenb. Tor

S1 o. RE1 bis Pdm Hbf, weiter mit Straßenbahn 91, 94 o. 98

P Hist. Mühle oder Luisenplatz (kostenpflichtig)

Das Neue Palais von den Communs aus

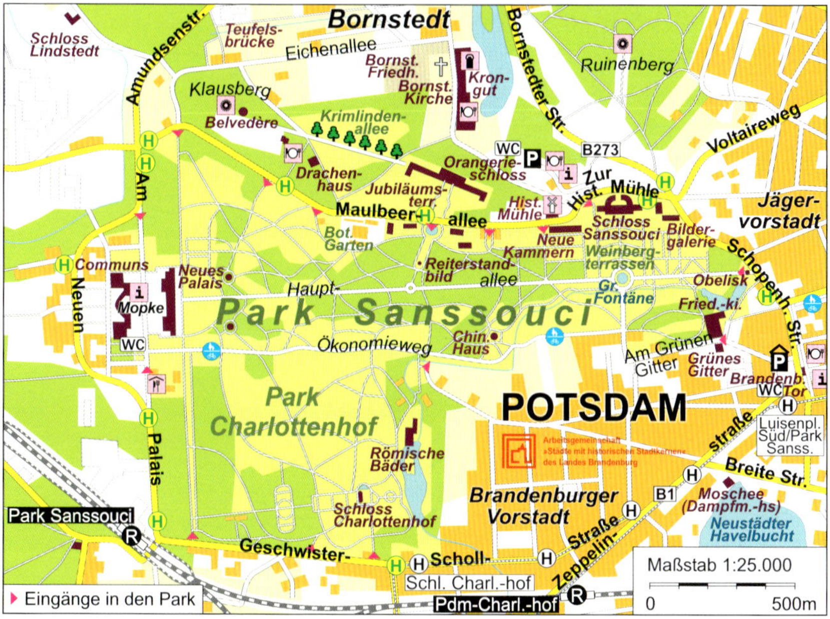

zu beschneiden. Der Alte Fritz hingegen wollte vom Schloss auf eine weite oberste Terrasse hinaustreten können – und setzte sich damit durch.

Gleichzeitig mit dem Schloss wurde der unterhalb liegende Park angelegt. Quer zum Schloss verläuft die Hauptallee, am stadtseitigen Ende der Obelisk, am anderen das Neue Palais. Wer an der Großen Fontäne am Fuß der Weinbergterrassen steht, braucht sehr gute Augen oder ein Fernglas, um dieses größte der Potsdamer Schlösser zu erkennen. Es ist ein Gigant, 230 Meter lang und mehrstöckig. Weitere Bauten, die erst später hinzukamen, sind die Neuen Kammern, die Bildergalerie, das Chinesische Haus, das Drachenhaus oder das Belvedère auf dem Klausberg. Wenig Erfolg hatten zunächst die Wasserspiele im Park. Eigens dafür wurde Wasser auf den Ruinenberg gepumpt. Erst durch den Antrieb über eine Dampfmaschine, kaum erkennbar verkleidet in der Moschee an der Havelbucht untergebracht, wurde das Problem gelöst.

Gut 100 Jahre später, unter Friedrich Wilhelm IV., wurde Sanssouci um den Park Charlottenhof erweitert. Der König hatte hochtrabende Pläne, von denen aber nur manche Wirklichkeit wurden: das Schloss Charlottenhof, die Römischen Bäder, das Orangerieschloss oder die Friedenskirche.

Jahrelang wurde über einen Eintritt für den Park Sanssouci diskutiert, momentan kann ein freiwilliger Eintritt entrichtet werden – den sollte jeder Besucher auf jeden Fall bereit sein zu geben, denn beim Gang durch den Park wird deutlich, welch großer Aufwand für den Erhalt der Anlage betrieben werden muss.

In zentraler Lage am Wasser: Neuer Garten

Neuer Garten? So neu ist er nicht, seine Ursprünge liegen im 18. Jahrhundert. Nur: Er ist jünger als der Park Sanssouci und damit im Vergleich neuer. Geschichtlich hängen beide eng zusammen. Friedrich der Große schuf den Park Sanssouci nach seinen Vorstellungen, und sein Nachfolger, der älteste Sohn seines Bruders, wollte nicht in das Schloss und den Garten seines Onkels einziehen, sondern etwas Eigenes schöpfen. Bereits als Kronprinz hatte er am Heiligen See ein Weinmeistergrundstück samt Gebäude erworben. Nach dem Amtsantritt wurde mit dem reichlich im Königlichen Baudepot lagernden Marmor das in den Heiligen See hineinragende Marmorpalais erbaut. Viele weitere Bauten entstanden, reizvoll über den Park verteilt. Dieser wurde zunächst von J. A. Eyserbeck angelegt und 30 Jahre später vom jungen P. J. Lenné umgestaltet. In der Potsdamer Parklandschaft kommt dem Neuen Garten eine besondere Bedeutung zu, da er zentral und am Wasser liegt. So bestehen Sichtbeziehungen nach Sacrow, zur Pfaueninsel und nach Klein Glienicke.

Gotische Bibliothek

★ Schloss Cecilienhof, Marmorpalais, Pyramide, Orangerie, Holl. Etablissement, Rotes, Grünes, Weißes und Braunes Haus, Gotische Bibliothek, Eremitage; im Umfeld: Belvedère auf dem Pfingstberg (spsg.de), Pomonatempel, Jüd. Friedhof, A.-Newski-Kapelle, Russ. Kolonie Alexandrowka

M Schloss Cecilienhof, Marmorpalais (spsg.de), Russ. Kol. Alexandrowka

Heiliger See

u.a. Marmorpalais, Eremitage, Got. Bibliothek, Belvedère Pfingstberg (spsg.de)

Schloss Cecilienhof, Meierei, Pomona-Tempel (Wochenende), Russ. Kolonie Alexandrowka

S1 (Oranienburg - Potsdam) bis Potsdam-Hbf, weiter Straßenbahn 92, 96 oder 93

Potsdamer Wassertaxi u.a. ab Potsdam Hbf o. Glienicker Brücke (potsdamer-wassertaxi.de)

B1 (A115 - Bln-Wannsee - Pdm-Zentrum, Berliner Straße) bis Kreuzung mit Nuthestr. und über Behlertstraße zum Neuen Garten

P Am Schloss Cecilienhof

Im Neuen Garten steht auch das neueste Hohenzollernschloss Potsdams, Schloss Cecilienhof. 1911 begonnen, wurde es nur kurz bewohnt, nachdem der letzte Kaiser abgedankt hatte. In den Fokus des Weltinteresses rückte es 1945, als Churchill, Truman und Stalin über die Zukunft Deutschlands und Europas berieten.

Wer den Neuen Garten besucht, sollte auch einige Ziele in der nahen Umgebung anpeilen: Das Belvedère auf dem Pfingstberg, der höchsten Erhebung der Stadt und mit grandioser Aussicht. Davor liegt unschein-

bar der Pomona-Tempel, erstes Werk von Schinkel in Potsdam und am Wochenende reizvolles Ambiente bei Kaffee und Kuchen. In der Nähe liegen der Jüdische Friedhof und auf dem benachbarten Kapellenberg die Alexander-Newski-Kapelle. Als russisch-orthodoxe Kirche war sie für die Bewohner der darunter liegenden Russischen Kolonie Alexandrowka erbaut worden. Die Kolonie aus Blockhäusern ist ein weiterer Edelstein Potsdams und lockt mit Museum, Gaststätte und hin und wieder auch Frischem aus den großen Gärten.
Der Berliner Mauerweg verläuft am Ufer des Jungfernsees und darf ebenso mit dem Rad genutzt werden wie der Ökonomieweg.

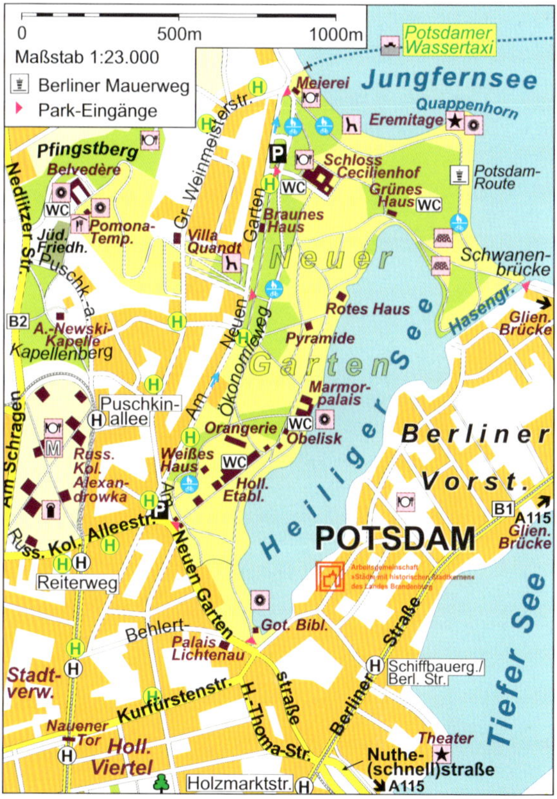

Marmorpalais

Hügel an der Havel: Park Babelsberg

Hügel, mal offen, mal von Sträuchern bestanden und mal bewaldet, überraschende Blickachsen und erstaunliche Fernblicke, lauschige Sitzplätze, dazu Wasser, mal in

★ Schloss Babelsberg, Flatowturm, Pumpenhs, Kl. Schloss, Gerichtslaube, Matrosenhaus, Siegessäule; im Umfeld Schloss u. Jagdschloss Klein Glienicke, Schweizer Häuser, Kapelle Kl. Glienicke, Große Neugierde, Glienicker Brücke, Weberkolonie Nowawes, Weberplatz mit Friedrichskirche, Sternwarte

M Schloss Babelsberg (derzeit geschlossen, spsg.de)

Strandbad Babelsberg (Tiefer See)

Tiefer See und nahe Gärtnerei

u.a. Flatowturm (spsg.de)

Kleines Schloss, Strandbad Babelsberg, Babelsberg, Kl. Glienicke

S1 (Oranienburg - Potsdam) bis Babelsberg, weiter Straßenbahn 94 o. 99 bis Alt Nowawes

Potsdamer Wassertaxi u.a. ab Potsdam Hbf o. Glienicker Brücke (potsdamer-wassertaxi.de)

Nuthe(schnell)straße (B1 - A115) bis ASt Babelsberg und weiter mit den Hinweisen

P Alt Nowawes o. Am Babelsb. Park

einer intimen Bucht, mal unter schattigen Bäumen und mal mit herrlicher Aussicht. Der Babelsberger Park, dritter im Bunde der drei großen Gartenanlagen, rangiert im Bekanntheitsgrad zwar hinter Sanssouci und dem Neuen Garten, doch die meisten, die die Anlage einmal gesehen haben,

Blick über das Matrosenhaus auf den von der Havel durchflossenen Tiefen See

möchten wieder kommen. Auch bei den Potsdamern ist der Park sehr beliebt, nicht zuletzt wegen der reizvollen Liegewiesen am Wasser.

Die Bauherren waren Prinz Wilhelm, zweitältester Sohn Königs Friedrich III. und der spätere Kaiser Wilhelm I., und seine Frau Augusta. Sie hegten Pläne um den Bau eines romantischen Schlosses und eines ebensolchen Parks. Das machte Lenné hellhörig, der seinen Potsdamer Verschönerungsplan umsetzen wollte. Im Gespann mit Schinkel gingen sie das Projekt an, das, nachdem Wilhelm zum Nachfolger des Thrones bestimmt worden war, unter Führung anderer Baumeister und des Gartenarchitekten Hermann Fürst von Pückler-Muskau erfolgreich zu Ende ging.

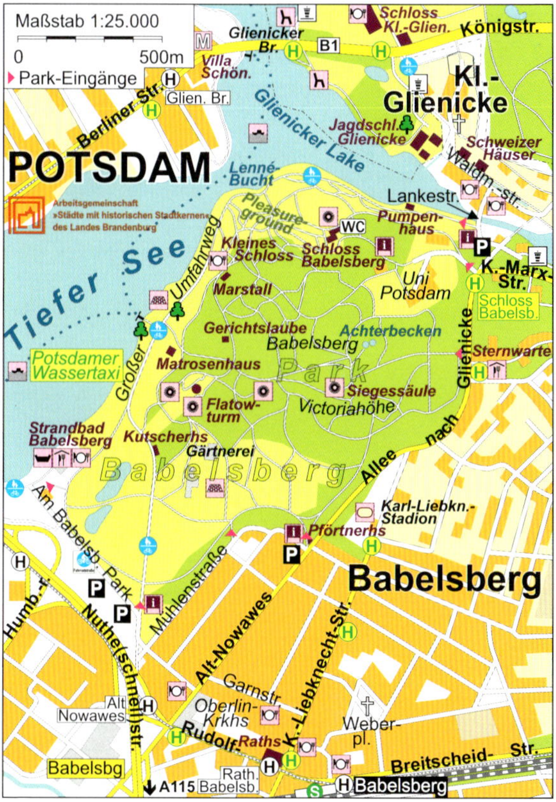

Bekanntester Teil der Anlage ist das Schloss Babelsberg, ein verwinkelter, detailreicher Bau, von Zinnen gekrönt und mit Türmen und Türmchen im englischen Tudor-Stil. Der Flatowturm, auf den Höhen des Babelsbergs errichtet, bietet eine ebenso einmalige Aussicht auf Potsdam und die Umgebung wie das Belvedère auf dem Pfingstberg unweit des Neuen Gartens. Was viele überrascht: Das älteste Gebäude Potsdams steht im Babelsberger Park, die Gerichtslaube. Sie stammt aus dem 13. Jahrhundert, stand aber bis ins 19. Jahrhundert in Berlin und war dort Teil des Alten Rathauses. Mit dem Bau des Rotes Rathauses musste die Gerichtslaube weichen und wurde als „Zeugnis der Vorzeit" nach Babelsberg versetzt.

Am Ufer des Tiefen Sees verläuft eine geschwungene, breite Promenade, der einzige Weg im Park, der mit dem Rad genutzt werden darf. Entlang des Havelufers bieten sich Liegewiesen, am südlichen Ende kann im Strandbad gebadet werden. Der Abfluss des Griebnitzsees trennt Babelsberg von Klein Glienicke, in DDR-Zeiten in einem Dornröschenschlaf, heute wieder voller Ausstrahlung.

In den Potsdamer Wildpark

9,5km

Klangvolle Namen: Wildpark und Pirschheide, dazu Bayrisches Haus, Forsthaus Südtor oder Forsthaus Sanssoucitor – das hört sich verlockend an. Der Wildpark war ein beliebtes Jagdrevier der Hohenzollern, schnell erreichbar nahe der Stadt gelegen. Unter Friedrich Wilhelm IV. wurde der Wald eingehegt und Rot- und Damwild ausgesetzt, um den Jagderfolg zu sichern. P. J. Lenné ließ in dieser Zeit entlang der Wege durch den Wald Alleebäume pflanzen.

Blick vom Schäfereiberg zum Belvedère auf dem Pfingstberg

- Bayrisches Haus
- Alteichen, -buchen und -kiefern im Wildpark
- Schäfereiberg an der ehemaligen Stromleitung
- Am Petzinsee sowie am Templiner See (Strandbad am Ostufer, Fußweg dorthin entlang Bahnbrücke)
- am Templiner See
- am Bhf Pirschheide, Bayrisches Haus, Campingpark Sanssouci, Seminaris Seehotel
- RB 23 (Pdm-Hbf - Pirschheide - Michendorf, vbb.de) oder Straßenbahn 91 oder 98 (beide über pdm-Hbf, swp-potsdam.de)
- B1 (Zeppelinstraße, Pdm-Zentrum - Brandenb. a. d. H.) bis zum Abzweig der Straße Zum Bahnhof Pirschheide
- Potsdamer Wassertaxi u. a. ab Potsdam Hbf o. Glienicker Brücke (potsdamer-wassertaxi.de)

Besagter König ließ als Überraschungsgeschenk für seine aus Bayern stammende Frau am Gipfel des lang gezogenen Schäfereibergs ein Haus erbauen, das Bayrische Haus – heute ein nobles Hotel im historischen Ambiente.

Mit dem Bau des Berliner Eisenbahnaußenrings wurde der Wildpark zweigeteilt, die B1 schneidet ebenso hindurch. Wanderwege, deren Verlauf und Beschilderung nicht überall leicht zu erkennen sind, erschließen das weitläufige, teils hügelige Gebiet. Überraschend für Besucher sind die vielen alten, teils absterbenden Bäume, die aus Naturschutzgründen stehen bleiben. Mit dem Petzin- und dem Templiner See hat das Gebiet eine reizvolle südliche Begrenzung.

Alte Eichen und Buchen am Großen Hirschweg

Welch krasser Gegensatz: Wo bis in die 1990er Jahre am Potsdamer Hauptbahnhof viel ein-, um- und ausgestiegen wurde, halten heute nur noch die Züge einer Regionalbahnlinie. Um den inzwischen in Potsdam-Pirschheide umbenannten **Bahnhof** ist es sehr ruhig geworden.

Über den noch in Benutzung befindlichen Bahnsteig erreichen wir die höher gelegene Straße **An der Pirschheide**, die von der B1 zum Templiner See führt. Nur ein paar Schritte auf einem Gehweg an ihr entlang gemacht, biegen wir am Ende der Leitplanke auf einen kleinen Pfad ins Gebüsch ab. Nach wenigen Schritten sind wir auf einem breiten Weg mitten im Kiefernmischwald der **Pirschheide**. Einmal abgebogen und über leicht welliges Gelände, queren wir vorsichtig die **Zeppelinstraße** (B1), dann wechseln wir auf einen kleinen, unmarkierten Weg, der sich reizvoll in Kurven durch den Wald schlängelt. Am ersten Wegkreuz abgebogen, schauen wir auf ganz unterschiedliche Waldbilder: helle Kiefernforste mit vielen Moosen am Boden, lichte Eichenbestände und dunkle Buchenpartien. An einem sehenswerten Altbaumbestand treffen wir auf den markierten **Großen Hirschweg**. Manche der alten Eichen und Rotbuchen an der Kreuzung brechen zusammen, totes Holz liegt am Boden, und die Holzzersetzung ist in vollem Gang.

In einer breiten, bereits zu Lennés Zeiten angelegten, etwas lückigen aber dennoch faszinierenden Allee erreichen wir den Fuß des **Schäfereibergs**. Der Aufstieg kann beginnen. Dabei aufgepasst, der Abzweig ist leicht zu übersehen. Zu Beginn steigen wir durch einen dunklen Laubwald, in dem eingesprengt ein paar mächtige Baumriesen stehen. Dann wird es unter Kiefern, darunter einige alte Exemplare,

Voller Überraschungen: tote Buche

zunehmend lichter. Ums **Bayrische Haus** einen Haken geschlagen, wandern wir ein Stück auf dem Kamm des Schäfereibergs. Ab und zu bietet sich die Möglichkeit, in die Ferne zu schauen, im Hellen einer früheren Stromtrasse lockt sogar eine Bank. Am Ende steil bergab, müssen wir einen Bogen machen, um nach **Geltow** zu kommen. Lange halten wir uns im Ort nicht auf, wir peilen das Wasser an. An einer bunten Wiese und einer weiten, sanft gewellten Lichtung entlang, ist der **Petzinsee** erreicht. Zwei Zugänge locken zu einer Pause am Wasser, dann queren wir das Bahngleis, das zum Bahnhof Pirschheide führt.

Nun tauchen wir nochmals in die Pirschheide ein. Viele Rotbuchen bestimmen das Waldbild, dann geht es – solange das Zauntor geöffnet ist – über den **Campingpark Sanssouci**. Sollte das Tor geschlossen sein: Direkt am Zaun entlang verläuft ein Ausweichweg. Wer auf dem Campingplatz eine Pause am **Templiner See** einlegen möchte, braucht ein Besucherticket, das an einem Automaten gezogen werden kann. Alternativ können wir uns auch etwas weiter am **Seminaris Seehotel** an der Anlegestelle des Potsdamer Wassertaxis am Wasser verdingen. Weiter durch den Wald und schließlich an kleinen Werften entlang, ist wieder der ruhige **Bahnhof Potsdam-Pirschheide** erreicht.

1 Ⓡ **Bhf Potsdam Pirschheide**: Vom Bahnhofsplatz (*Zum Bahnhof Pirschheide*) zum Bahnsteig Gleis 1 (Zu den Zügen), über diesen und am Ende Treppe hinauf (Richtung Michendorf), oben *An der Pirschheide* rechts (Gehweg der Straße) ~ 300m ⇨ 2 Leitplanke endet am Ende der Brückenauffahrt: links Trampelpfad, mündet im **Pirschheide**-Wald in breiten Waldweg ~ 240m ⇨ 3 erstes Wegkreuz rechts ~ 350m ⇨ 4 geradewegs über *Zeppelinstraße* (B1 !) in **Wildpark**, nach wenigen Schritten schräg links Waldweg, diesem stets folgen ~ 510m ⇨ 5 erstes Wegkreuz: rechts ~ 880m ⇨ 6 links breiter Waldweg (***Großer Hirschweg***) ~ 680m ⇨ 7 Wegkreuz hinter kleinem Stillgewässer: schräg links Pfad bergan (Bayerisches Haus), nicht mit ganz links! ~ 460m ⇨ 8 Zufahrt zum **Bayrischen Haus** kurz rechts, dann links (Zum Großen Hischweg) Waldweg, kurz darauf links Waldweg und in Kurve bergan (Zum Schäfereiberg) ~ 820m ⇨ 9 im Linksbogen des Waldwegs geradeaus steiler bergab, kurz darauf mit hinzukommendem Weg langer Rechtsbogen ~ 420m ⇨ 10 links Waldweg nach **Geltow**, dort links *Meiereistraße* ~ 510m ⇨ 11 *Hauffstraße* rechts (geht über in *Chausseestraße*, zum Queren

der Straße ein Stück rechts) ~ 240m ⇨ (12) im Linksknick der *Chausseestraße* geradewegs *Vogelweg* ~ 680m ⇨ (13) schräg rechts Sandweg (*Vogelweg* ▬), kurz darauf um ⌐ T-Kreuzung *Am Petzinsee* links, im weiteren Verlauf Straße im Linksknick folgen und bald rechts übers Bahngleis in **Pirschheide** (▬) ~ 1,1km ⇨ (14) entweder geradewegs um ⌐ über **Campingpark Sanssouci** oder links Waldweg am Zaun entlang ~ 500m ⇨ (15) um ⌐ geradewegs in *An der Pirschheide* (Asphalt) ~ 230m ⇨ (16) schräg rechts Schotterweg (▬ Potsdamer Wassertaxi), am Ende geradewegs Asphaltstraße ~ 920m ⇨ (17) links *An der Pirschheide*, kurz darauf rechts auf Brücke, oben rechts Treppen zum ~ 340m ⇨ Ⓡ **Bhf Pdm Pirschheide**

Um den Schwielowsee

36 km

Radfahren am Wasser – ein Traum. Seit vielen Jahren lockt der F1-Weg zum Touren am Templiner- und Schwielowsee. Er bindet die Potsdamer Innenstadt ein, damit führt die Tour auch an etlichen Zeugnissen der Stadtgeschichte vorbei. An der Strecke liegen zudem die weniger überlaufenen Schlösser- und Gartenanlagen von Caputh und Petzow. Der krönende Abschluss ist das neu gebaute Potsdamer Stadtschloss. In der Region haben einige Künstler besondere Natur- und Landschaftseindrücke empfangen. Im Museum der Havelländischen Malerkolonie in Ferch kann sich jeder einen eigenen Eindruck davon verschaffen. Inspiriert von der Gegend wurde auch einer der berühmtesten Erdenbürger: Albert Einstein. Er besaß in Caputh ein Sommerhaus, das heute für Besucher zugänglich ist.
Die Tour führt stets über gute Wege und hat nur wenige Anstiege. Wen die Kräfte verlassen oder wer erst später loskommt: Möglichkeiten zum Abkürzen gibt es über die Bahnbrücke am Templiner See und später mittels der Caputher Havelfähre. Das Potsdamer Wassertaxi bietet zudem Gelegenheiten zum Variieren der Strecke.

Hoch über dem Schwielow in Ferch

★ Speicherstadt; Einsteinhaus; Schl., Park, Kirche und Fähre Caputh; Kirche (Abst.) und Bonsai-Garten Ferch; Schloss, Park u. Kirche Petzow; Wirtshs Baumgartenbrück; Wildmeisterei; Forsths Sanssoucitor; Neues Palais; Park Sanssouci; Drachenhaus; Orangerie; Histor. Mühle; Neue Kammern; Schloss Sanssouci; Jägertor; Nauener Tor, Holländisches Viertel; Stadtschloss, Marstall; Freundschaftsinsel

Freibad Templin, Strandbad Ferch, Mittelbusch, Petzinsee, Campingplatz Sanssouci-Gaisberg

Freibad Templin

M Einsteins Sommer-Idyll (sommer~idyll-caputh.de) und Heimathaus Caputh (heimatvereincaputh.de), Museum der Havelländischen Malerkolonie Ferch (Abst., havel~laendische-malerkolonie.de)

Obst & Gemüse sowie Fischerei in Caputh, Frucht-Erlebnisgarten Petzow (sandokan.de)

Schwielowsee (Caputher Gemün.), Kirche Petzow auf dem Grelleberg, Belvedère auf dem Klausberg

Freibad und Forsthaus Templin, am Schloss Caputh, am Caputher Gemünde, in Ferch, Neue Scheune, Petzow, Baumgartenbrück, Campingplatz Sans.-Gaisberg, am Kaiserbahnhof, im Drachenhaus und im Stadtkern Potsdam u.a. am Nauener Tor und im Marstall

am Caputher Gemünde, in Ferch, in Petzow mehrere Gelegenheiten

Japanischer Bonsaigarten Ferch (bonsai-haus.de), Rotbuchen am Kellerberg

siehe Radtour Potsdam S. 52

siehe Radtour Potsdam S. 52

P siehe Radtour Potsdam S. 52

Am Schloss Caputh

Havel am Anfang, Havel am Ende: Schon zum Start am lebhaften **Potsdamer Hauptbahnhof** können wir einen ersten Blick auf den märkischen Fluss werfen. Durch die wieder erwachende **Speicherstadt** erreichen wir auf dem gut ausgebauten Radweg F1 bald den **Templiner See**. Erlen und Schilf gedeihen am Ufer sichtlich gut, denn Blicke auf das Wasser bekommen wir meist nur für einen kurzen Moment. Hinter der Brücke des Berliner Eisenbahnaußenringes passieren wir das sehenswerte Forsthaus Templin – auf der Seeseite lockt das **Freibad** mit Bootsverleih zu einer längeren Pause. Immer an der Uferstraße entlang erreichen wir **Caputh**. Die vielen Möglichkeiten machen die Wahl hier sehr schwer: Einsteinhaus, Schloss und Park und das Treiben rund um die Fähre und das **Caputher Gemünde**, wie die Havelenge heißt. Heißer Tipp: der Rastplatz am Ende des Gemündes mit traumhaftem Blick über den weiten **Schwielowsee**. Weiter auf dem F1 und hin und wieder über Holzbohlenstege, die dem Schilfgürtel seinen Platz lassen, erreichen wir **Ferch**. Der Ort hat zwei gegensätzliche Seiten: den Schwielowsee und die Fercher Berge. Einen Abstecher, der allerdings viel Puste erfordert, lohnt die Fischerkirche, ein märkisches Kleinod. Gegenüber befindet sich auch das Malermuseum.

In Ferch ist die Südspitze des Schwielow erreicht. Auf ein kurzes Schiebestück folgt ein neu gebauter Abschnitt des F1-Wegs, am Ufer können wir sogar die Picknickdecke ausrollen. Am Bonsaigarten treffen wir auf den R1, einen Radweg von europäischem Rang, der hier besonders gut ausgebaut ist. So ist es ein Genuss, etwas abseits der Straße durch die hügelige Landschaft zu radeln – klasse! Den **Schlosspark von**

Einstein-Haus in Caputh

Petzow erreichen wir an den Schilftortürmen, die für uns der reizvolle Eingang in den hübschen Park sind. Zu Fuß vorbei an der kleinen Badestelle und am Schloss, steuern wir auf die erhöht stehende Kirche zu – wenn sie geöffnet ist, lohnt eine Turmbesteigung immer. Weiter auf dem R1/F1 passieren wir den Fruchterlebnisgarten und das mondäne Resort Schwielowsee, bevor uns die **Baumgartenbrücke** über die Havel hilft. Nun sind Steuergeschick und gute Bremsen gefragt, denn wir peilen gleich das unter uns liegende Havelufer an. Das Wirtshaus Baumgartenbrück bringt uns vielleicht in die Bredouille, schon wieder anzuhalten? Ansonsten radeln wir auf kleinen Uferstraßen am Schwielow- und **Petzinsee** entlang, dann verschwinden wir in der **Pirschheide**. Auf dem Campingplatz Sanssouci können wir uns im Erkennen anderer Sprachen üben – der Platz ist bei Touristen sehr beliebt. Rund um den **Bahnhof Pirschheide**, in DDR-Zeiten der Potsdamer Hauptbahnhof, müssen wir viel kurven, ehe wir, vorsichtig zunächst über die Straßenbahnschienen und dann die B1 hinweg, im **Wildpark** verschwinden. Feste Sand- und Schotterwege führen uns durch diesen von Lenné verschönerten Wald, den die Hohenzollern gern zur Jagd vor der Haustür nutzten. Das Forsthaus Sanssoucitor verrät das nächste große Ziel: Das **Neue Palais** am Rand des Parks Sanssouci. Auf der Maulbeerallee folgen noch das Orangerieschloss, die Historische Mühle und schließlich das **Schloss Sanssouci**. Dass das Schloss erhöht steht, kann jeder Radler bestätigen. Mit Schwung geht es an die Altstadt heran, vorbei am **Nauener Tor**, dem **Holländischen Viertel** und dem wieder aufgebauten **Stadtschloss**. Einen letzten Blick auf die Havel geworfen, sind wir wieder am **Hauptbahnhof Potsdam**.

Strandbad am Templiner See

1 S R **Potsdam Hbf** (Ausgang Lange Brücke): über Straßenbahngleise der *Heinrich-Mann-Allee*, dann links ( ), bald rechts *Leipziger Straße* (Tornow) ~ 1,3km ⇨ 2 nach Anstieg rechts *Templiner Straße*, am Ende auf (F1), im weiteren Verlauf am **Freibad Templiner See** vorbei und nach **Caputh** (kurz hinterm Ortsschild links bergan *Waldstraße* ***Abstecher Einsteinhaus***) ~ 5,9km ⇨ 3 vor Kirche mit Vorfahrtregelung rechts *Straße der Einheit* und am **Schloss** vorbei ~ 300m ⇨ 4 Vorfahrtstraße nach rechts verlassen (bleibt *Straße der Einheit*, Fähre) ~ 825m ⇨ 5 am Ende am Fährhaus entlang links Uferpromenade am **Caputher Gemünde** (anfangs) ~ 640m ⇨ 6 hinter Bahnbrücke links (geradeaus Abstecher Aussichtspunkt) ~ 170m ⇨ 7 *Schwielowseestraße* ▽ rechts, ab Ortsende (F1), im weiteren Verlauf Abfahrt in **Flottstelle** (▽ Kurven), dann Schotter- und Bohlenabschnitte ~ 4,4km ⇨ 8 in **Ferch** kurz hinter Strandbad schräg rechts Uferweg (F1; ***Abstecher Kirche / Museum***: Vorfahrtstraße bergan folgen) ~ 1,4km ⇨ 9 T-Kreuzung rechts (*Neue Scheune*), hinter Gaststätte links Uferweg (kurz , *Fercher Uferpromenade*) ~ 950m ⇨ 10 am Ende links ~ 80m ⇨ 11 *Fercher Straße* ▽ + rechts (gleich F1 R1 linksseitig) ~ 2,0km ⇨ 12 in **Petzow** noch vor dem Ortsschild rechts über Straße (▽) in **Park** ( ) und rechts am Haussee entlang, hinter Brücke geradewegs zum Schloss ~ 580m ⇨ 13 vorm **Schloss** links und durch Tor ~ 250m ⇨ 14 *Am Schwielowsee* rechts (bald F1 R1 linksseitig) ~ 1,8km ⇨ 15 Kreisverkehr *Berliner Chaussee* (B1) rechts ( ) über **Havel** nach **Geltow** ~ 420m ⇨ 16 am Brückenende scharf rechts bergab (Caputh ⚠) und Uferstraße (***Baumgartenbrück***) links ~ 1,4km ⇨ 17 *Caputher Chaussee* links ( ) ~ 320m ⇨ 18 *Am Petzinsee* rechts und am **Petzinsee** entlang (bald) ~ 1,3km ⇨ 19 schräg rechts über Bahngleis (*Am Petzinsee* F1 R1) ~ 460m ⇨ 20 geradewegs durchs Zauntor vorsichtig über **Campingplatz** (alternativ Pfad links am Zaun), dahinter geradewegs *An der Pirschheide* ~ 720m ⇨ 21 schräg rechts Schotterweg (F1), am Ende an kleinen Werften entlang ~ 930m ⇨ 22 leicht rechts versetzt unter Bahnbrücke hindurch (⚠ Gegenverkehr), dahinter links ~ 350m ⇨ 23 T-Kreuzung: links (*An der Pirschheide*, Wildpark) und unter Bahn hindurch, dann über Straßenbahn (▽) auf Waldweg ~ 460m ⇨ 24 geradewegs über B1 (*Zeppelinstraße*, ▽ auch kreuzender) in **Wildpark**, Schotterweg stets folgen ~ 1,3km ⇨ 25 an **Wildmeisterei** rechts (F1 *Hegemeisterweg*) ~ 1,2km ⇨ 26 am **Forsthaus Sanssoucitor** ⚠ geradewegs *Am Wildpark* ( ) ~ 300m ⇨ 27 mit Vorfahrtregelung zweimal links (*Am Neuen Palais*) ~ 450m ⇨ 28 Vorfahrtstraße geradeaus verlassen und am **Neuen Palais** entlang ~ 650m ⇨ 29 um und geradewegs *Am Neuen Palais* ( ), kurz darauf *Maulbeerallee* ( ) rechts und u.a. an **Historischer Mühle** und **Schloss Sanssouci** entlang ~ 2,2km ⇨ 30 in Abfahrt *Schopenhauer Straße* ( ) rechts ~ 560m ⇨ 31 am Ende der Abfahrt dritte *Hegelallee* links (auf Mittelstreifen, ▽ an kreuzenden Straßen) ~ 775m ⇨ 32 am **Nauener Tor** rechts *Friedrich-Ebert-Straße*, dieser folgen (bald) ~ 1km ⇨ 33 am **Stadtschloss** links *Breite Straße* (linksseitig) zurück über **Freundschaftsinsel** zum ~ 380m ⇨ S R **Potsdam Hbf**

POTSDAM
Bornstedt
Jäger-vorstadt
Brandenb. Vorstadt
Templiner Vorstadt
Potsdam-West
Templiner See
Havel
Nuthe
Hermannswerder
Hinterkappe
Vorderkappe
Wildpark
Park Sanssouci
Schloss Sanssouci
Orangerie
Drachenhaus
Belvedere
Neues Palais
Charlottenhof
Pdm-Park Sanssouci
Potsdam-Hbf
Pdm-Pirschheide
Nauener Tor
Holl. Viertel
Brand. Tor
Marstall
Speicherstadt
Freundschaftsinsel
Nik.-ki.
Stadtschl.
Jägertor
Ruinenberg
Wissenschaftspark Albert Einstein
Einstein-Haus
Forsthaus Sanssoucitor
Forsthaus Templin
Forsthaus Südtor
Bayrisches Haus
Wildmeisterei
Kellerberg
Buchen
Gr. Entenfängerberg
Gaisberg
Luftschiffhafen
An der Pirschh.
Rad-/Fußg.-brücke
Wassertaxi
Strandbad
Platanen
Bornstedter Straße
Maulbeerallee
Hauptallee
Ökonomieweg
Am Neuen Palais
Geschw.-Scholl-Straße
Zeppelinstraße
Breite Str.
Hegelallee
F.-Ebert-Str.
Am Kanal
Brand. Str.
Babelsberger Str.
Heinr.-Mann-Allee
Leipziger Str.
Brauhausberg
Templiner Str.
Werderscher Damm
Am Wildpark
Forststraße
Hegemeisterweg
Birkenallee
Runder Weg
A. d. Pirschheide
Petzinsee
Templiner Straße
Potsdamer Str.
Waldstr.
B273
B1
B2
R1
F1
WC
Arbeitsgemeinschaft »Städte mit historischen Stadtkernen« des Landes Brandenburg
F1-Weg
Radfernweg R1
GPS-Track: www.klaras-verlag.de/tracks/schwielow_pdm
Maßstab 1:46.000
0
1
2km
N

Geltow
Chausseestr.
Hauffstr.
Caputher Ch.
Am Petzinsee
Petzinsee
Heineberg
Caputh-Geltow
Geltower Ch.
Fähre
Baumgartenbrück
Baumgarten-brück
Eichen
Grashorn
H a v e l
Berliner Chaussee
B1
Resort Schwielow-see
Mirenberg
Fercher
Am Schwielowsee
Str.
Glindower See
Frucht-Erl.-garten
Schloss Petzow
Grelle-bucht
Haus-see
Petzow
Fercher Straße
Schwielowsee
Gänsehorn
Kesselberg
Löcknitz
Bonsai-Garten
Mittelbusch
Fercher Uferprom.
Neue Scheune
Fercher Str.
Glindower Weg
Fischer-kirche
Strandbad
Dorfstraße
Ferch
Mus. der Havell. Malerkolonie
Beelitzer Str.
Wietkikenberg
Fercher Berge
Flottstelle
Schwielowseestr.
Krähenberg
Caputh-Schwielowsee
Cap. Gem.
Weinb. str.
Str. d. Einheit
Fr.-Ebert-Str.
Fisch.
Altes Dorf
Schloss
Linde
Michendorfer Ch.
Stüler-Ki.
Einstein-Ausstellung
Caputh
Caputher See
WC
N

Info

Die Huteeichen von Ferch

Brandenburg hat viel Wald, es gehört zu den waldreichsten Bundesländern Deutschlands überhaupt. Die Wälder sind verschieden, es gibt solche, in denen die Kiefer vorherrscht, auch solche mit Rotbuchen, Birken, ja sogar mit Linden, Lärchen, Fichten und noch einige mehr. Und es gibt Wälder, in denen Eichen dominieren.
Jeder Wald hat seinen eigenen, unverkennbaren Charakter. In den Kiefernbeständen riecht es nach Harz, es ist hell und oft trocken. Buchenwälder sind zur Sommerzeit dagegen dunkel, denn das viele Laub fängt das meiste Sonnenlicht ein. Die Eichenwälder stehen dazwischen: Es gibt helle, lichtdurchflutete Partien, aber auch dunklere Bereiche. Unter natürlichen Bedingungen sind reine Eichenwälder selten, meist haben einige Kiefern, Birken oder Rotbuchen hier einen Platz. Im Naturwald gibt es auch eine Mischung verschieden alter Bäume, dazu absterbende oder tote Bäume und am Boden liegende Stämme und Äste. All das ist in den Wäldern am Fercher Wietkikenberg zu sehen. Es sind zwar keine Urwälder, die den markanten Berg am Ostufer des Schwielowsees kleiden, allerorten wird Forstwirtschaft betrieben. Doch wachsen nur Eichen, die von hiesigen Bäumen abstammen, außerdem bleiben einige alte und absterbende Bäume stehen oder liegen.
Zudem sieht man dem Wald eine früher weit verbreitete Nutzungsform an, wie es nur an wenigen anderen Orten des Landes zu sehen ist: Unter den Eichen fraßen sich einstmals Schweine satt. Eicheln gehören zur Leibspeise der Borstentiere, die zum Füttern in den Wald getrieben wurden – man sprach von der Waldweide und vom Hutewald. Die Schweine beließen es jedoch nicht nur bei den Eicheln, auch Blätter der Bäume und andere Pflanzen wurden verspeist. So entwickelte sich ein lichter Wald mit großen, immer älter und breiter werdenden Weide-Eichen und lichtem Boden. Mit der geregelten Forstwirtschaft wurden vorwiegend Kiefern in die lichten Alteichenbestände gepflanzt, die Schweine blieben draußen. Nun hatten auch die Eicheln wieder eine Chance, heranwachsen zu können. Daher sind heute zwischen den alten Bäumen auch jüngere zu sehen.
Noch etwas zu den Früchten der Alteichen: Die alten Eichen gelten als Nachfahren von Urwaldbäumen, da sie noch vor dem Aufkommen der Forstwirtschaft aufgewachsen sind. Folglich ist das in den Eicheln enthaltene Erbgut an die hiesigen Verhältnisse bestens angepasst. Daher werden sowohl Eicheln als auch junge Eichenpflanzen gesammelt und forstlich kultiviert. In den 1990er Jahren wurden alle alten Eichen erfasst und hier und da Zäune um die Bäume gezogen, teils zum Schutz der Wanderer, teils zum Schutz der keimenden Eicheln, die den Wildschweinen ebenfalls gut schmecken. Zudem wurde der Huteeichenweg angelegt und ausgeschildert – hin und wieder sind noch Hinweisschilder zu sehen.

In die Fercher Berge

8,6km

Orte in herrlicher Wasserlage gibt es etliche im Berliner Umland, Ferch gehört zu den schönsten. Eingerahmt von den Fercher Bergen, lockt der Schwielowsee ebenso wie die Eichenwälder in den Hügeln. Ein ungewöhnlicher Anblick in den Wäldern sind alte breitkronige Eichen, die einen sehenswerten Kontrast vor allem zu den gerade gewachsenen Kiefern bilden. Es sind Huteeichen, denen in den 1990er Jahren sogar ein eigener Huteeichen-Wanderweg gewidmet wurde. Seine Beschilderung ist inzwischen etwas betagt, und so gehört eine Portion Entdeckergeist dazu, um hier zu wandern – es sei denn, ein GPS-Gerät ist von der Partie. Die moderne Navigationstechnik bietet hier enorme Vorteile.
Ausgangspunkt ist Ferch, das sowohl mit dem Auto als auch der Bahn gut erreichbar ist. Bahnfahrer peilen den Bahnhof Ferch-Lienewitz an und nutzen bis zum Erreichen der beschriebenen Rundstrecke noch einen der ganz großen ausgeschilderten Wanderwege, den E11-Weg (eine Strecke 900m).

- Fischerkirche Ferch
- Museum der Havell. Malerkolonie (havellaendische-malerkolonie.de)
- Huteeichen in den Fercher Bergen
- Strandbad Ferch
- in Ferch mehrere Gelegenh.
- in Ferch
- RB 23 (Potsdam Hbf - Michendorf) nach Ferch-Lienewitz oder mit Havelbus 607 ab Bhf Potsdam (S- u. Regionalbahn, havelbus.de)
- A10 (südl. Berliner Ring) bis ASt Ferch und den Hinweisen folgen

Das **Museum der Havelländischen Malerkolonie** in Ferch ist ein idealer Ausgangspunkt für eine Wanderung in die Fercher Berge. Die besondere Ausstrahlung der Landschaft ist hier in zahlreichen Werken eingefangen, zudem gibt es hier den Schlüssel zur gegenüberliegenden Fercher Fischerkirche. Auch sie lohnt einen Besuch. Der freundliche Wolkenhimmel, der sich über den Saal der Kirche spannt, spannt sich hoffentlich auf den ersten Schritten im Ort über uns. Vorbei an Obstgärten, tauchen wir bald in den Wald ein. Und zwar bergauf: Anfangs säumen Rotbuchenbestände den Weg, eingesprengt stehen alte Kiefern dazwischen, die einstmals

1 P gegenüber **Fercher Kirche**: *Burgstraße* ~ 760m ⇨ **2** Gabelung links *Lienewitzweg* ~ 310m ⇨ **3** Wegkreuz: rechts (), kurz darauf an Gabelung nochmals rechts bergan (u.a. Wietkikenberg) ~ 770m ⇨ **4** T-Kreuzung hinterm Gipfel des **Wietkikenbergs**: links (Caputh), kurz darauf Kreuzung rechts () ~ 300m ⇨ **5** Wegkreuz: links Waldweg (), etwas weiter schräg rechts () ~ 430m ⇨ **6** weitläufige Kreuzung: schräg links breiter Schotterweg (nicht scharf links!, keine Markierung), fortan breitem Weg folgen ~ 430m ⇨ **7** Gabelung: schräg rechts, fortan Weg folgen ~ 640m ⇨ **8** Gabelung im lichteren Bereich: rechts, später mündet -Weg ein ~ 810m ⇨ **9** nachdem Waldweg eingemündet ist nochmals Einmündung: schräg rechts Fahrweg ~ 350m ⇨ **10** in **Flottstelle** kopfsteinerne Straße links (*Flottstelle*) ~ 180m ⇨ **11** über die Straße + links (, , bald

geharzt wurden. Das Harz, ein Wundsekret des Baumes, war zu DDR-Zeiten in der Chemieindustrie begehrt. Eigentlich fand das Harzen in den letzten zehn Jahren vor dem Fällen statt – hier sind die Kiefern jedoch länger stehen geblieben. Bald fallen erste Huteeichen auf, große und breitkronige Bäume. Am Gipfel des **Wietkikenbergs** lockt ein Rastplatz, weit gucken ist aber nicht möglich, denn Bäume verdecken in allen Richtungen die Sicht – keineswegs ärgerlich, denn Ausblicke zumindest auf den Schwielowsee folgen später. Mit mehreren Richtungswechseln geht es durch wechselnde Baumbestände bergab – mal auf breiteren Schotterwegen, mal auf idyllischen, etwas vergrasten. Bald sind auch wieder alte Eichen zu entdecken, teilweise mit großen Adlerfarnen darunter. Aus dem Geäst sind Buchfinken, Waldlaubsänger und Pirole zu hören. An einer weiten Kreuzung beginnt ein Streckenabschnitt, der nicht über markierte Wanderwege verläuft. Und: Wer mit der Bahn zum ***Bahnhof Ferch-Lienewitz*** fährt, trifft an dieser Kreuzung auf die beschriebene Rundroute und kehrt von hier auch wieder zum Bahnhof zurück.

An der Oberförsterei in **Flottstelle** lichtet sich der Wald, dann treffen wir auf den **Schwielowsee**. Ein bei Radlern beliebter kombinierter Rad- und Fußweg führt uns ein Stück am See entlang, dann erklimmen wir die Fercher Berge. Ein **Höhenweg**, teils als Pfad auf einem Grat, verläuft dicht am Steilabfall des Hanges und bietet immer wieder eindrucksvolle An- und Ausblicke. Am Ende zurück zum Wasser, begrüßt uns das **Fercher Strandbad**. Es lenkt uns wie einige Gaststätten vom Seeufer weg, wir bekommen den Schwielow aber noch einmal zu sehen. Passend: Der Rast- und Picknickplatz. Nun steht ein letzter Anstieg an, dann ist die Mitte des Ortes mit dem **Museum der Havelländischen Malerkolonie** und der Fischerkirche wieder erreicht.

Bohlensteg) ~ 750m ⇨ ⓬ links über die Straße, dann auf leicht ansteigenden Waldpfad annähernd parallel zur Straße (▭ ▭) ~ 990m ⇨ ⓭ hinter ▣ unscheinbarer Abzweig: rechts Pfad (▭ ▭) ~ 320m ⇨ ⓮ am Zaun des ▲ rechts bergab, unten ● links (▭ ▭) ~ 570m ⇨ ⓯ in **Ferch** am kleinen P schräg rechts Schotterweg, geht über in *Seeweg* ~ 700m ⇨ ⓰ am **Schwielowsee** hinterm kleinen Spielplatz links, gleich über *Seestraße* und Fußweg Stufen bergauf (Museum der Havell. Malerkolonie) zur ~ 280m ⇨ *Dorfstraße* am **Museum der Havell. Malerkolonie**

Geheimtipp am Schwielow: Petzow

- ★ Schloss Petzow, Kirche Petzow, Alte Schmiede
- Schwielowsee
- Dorfkirche (geöffnet am Wochenende, heimatverein-petzow.de)
- Waschhaus am Haussee (heimat~verein-petzow.de)
- Frucht-Erlebnisgarten Petzow (sandokan.de)
- mehrere Gelegenheiten
- + Fahrrad: ⇨ Seite 41
  + Bus: Bus 607 ab Pdm Hbf (Kulturbuslinie, havelbus.de)
- Weiße Flotte ab Potsdam Lange Brücke (schiffahrt-in-potsdam.de)
- B1 (Potsdam - Werder) bis Kreisverkehr westl. Havelbrücke, dort Am Schwielowsee nach Petzow
- P im Ort

Weit dehnt sich der Schwielowsee aus, dahinter die bewaldeten Höhen der Fercher Berge – ein traumhafter Anblick. So empfanden es im 19. Jahrhundert auch einige bedeutende Personen: Carl Friedrich August Kaehne, der u.a. mit der Ziegelherstellung sein Geld verdiente, sein Bekannter K. F. Schinkel, König Friedrich Wilhelm IV. und P. J. Lenné.
Kaehne, vom König in den Adelsstand erhoben, ließ sich ein Gutshaus im Tudorstil oberhalb des Haussees errichten. Ob Schinkel daran beteiligt war, ist nicht ganz sicher, belegt ist hingegen, dass er die Pläne für die Kirche lieferte. Fontane, der einige Jahre später die Stufen zur Spitze des Turmes bestieg, war von der Aussicht überwältigt. Lenné schließlich war mit der Gestaltung des Parks betraut und damit am südlichen Ende der Landschaftsverschönerung der Umgebung Potsdams angelangt.

Nach dem Fall der Mauer wechselte das im Volksmund „Schloss“ genannte Gebäude die Besitzer, bildete den idyllischen Rahmen für die Serie „Bianca - Wege zum Glück“ und soll, so der aktuelle Stand, in ein Wohnhaus umgewandelt werden.

Der Park, der rund um den Haussee am Ufer des Schwielowsees liegt, hat viele beschauliche Winkel. Alte Bäume fangen die Blicke ein, ein kleines Erlebnis ist der Weg über die buckelige Brücke am Abfluss des Haussees. Die Wiese am Zugang zum See lädt zum Ausrollen der Picknickdecke ein. Reizvoll ist es jedoch nicht nur am Wasser und im Park, sondern auch auf dem Grelleberg. Hier erhebt sich die Kirche, der Turm durch eine Bogenhalle mit der Kirche verbunden. Er kann am Wochenende bestiegen werden. Neben der Kirche, ebenfalls an der Grellebucht, liegt der große Frucht-Erlebnisgarten, bekannt nicht nur durch die verschiedenen Sanddorn-Spezialitäten. In der Orangerie oberhalb des Wassers lässt es sich ebenso reizvoll bei Speis und Trank sitzen, wie in der Alten Schmiede oder der Fontane-Klause.

Alpentour in Glindow

6km / 11km

Welch ein Anblick: An der Kaiserlinde vorbei, schlängelt sich der Weg durch einen lichten Wald aus Robinien, Eichen und Kiefern, macht dann einen scharfen Knick und endet abrupt an einer schroffen Geländekante. Scheinbar, denn tatsächlich führt der Weg auf Stufen in eine enge Schlucht hinein. Unten auf einer Holzbrücke über die wassergefüllte Talsohle, geht es auf Stufen wieder steil hinauf. Klasse!
Über Jahrhunderte wurde in den Glindower Alpen Ton abgebaut, Ende des 19. Jahrhunderts im großen Stil. Über dem Ton liegende Schichten wurden abgetragen und dicht daneben zu steilen Halden aufgeschüttet. Die Ringöfen schossen wie Pilze aus dem Boden, und die Havel bot beste Absatzmöglichkeiten für die Ziegel. Ein Ringofen in der ursprünglichen Bauweise ist sogar noch in Betrieb. Daneben lockt im schmucken Ziegeleiturm ein Museum.

- Dorfkirche Glindow, Kirche Petzow (Abstecher)
- Ziegeleimuseum, Glindower Alpen, Schloss und Park Petzow (Abst.)
- Heimatmuseum Glindow (glindow.net/museen.html), Ziegeleimuseum (ziegeleimuseum-glindow.de)
- Kaiserlinde, mehrere Ulmen
- Strandbad Glindow, Park Petzow
- in Glindow und Petzow mehrere Gelegenheiten
- RE1 (Cottbus / Frankfurt [Oder] - Bln - Brandenburg a.d.H. / Magdeburg) bis Werder (H.) und weiter mit Havelbus 633 nach Glindow
- A10 (südl. Berliner Ring) bis ASt Glindow und den Hinweisen folgen

Ziegeleiturm in Glindow

Doch nicht nur wegen der Glindower Alpen lohnt sich die Wanderung um den Ort. Die historische Dorfmitte, die herrlichen Partien am Glindower See und die Obstgärten bergen weitere einmalige Reize.
Wem die etwas mehr als sechs Kilometer lange Strecke zu kurz ist, der kann entweder Badesachen mitnehmen und im Strandbad Glindow länger pausieren. Möglich ist auch, die Wanderung am Glindower See bis zum Schlosspark Petzow zu verlängern. Hier locken schöne Anblicke, lauschige Bänke, ebenfalls eine Badestelle, mehrere Einkehrmöglichkeiten und der Frucht-Erlebnisgarten. Obendrein thront auf dem Grelleberg reizvoll die Petzower Kirche, deren Turm bestiegen werden kann.

Schon auf den ersten Schritten machen wir mit dem gebrannten Ton aus der Gegend Bekanntschaft. Direkt an der Dr.-Külz-Straße, der Hauptstraße Glindows, steht etwas erhöht die **Dorfkirche**. Der Ton, der dem Ort zu Wohlstand verhalf, hat auch das Bild der Kirche verändert. So wurde das im Mittelalter aus Feldsteinen erbaute Gotteshaus erhöht und um den Turm ergänzt – natürlich unter Einsatz von Backsteinen. Dass die Ziegelproduktion nie völlig perfekt verläuft, zeigen die eigentümlich geformten Steine der Kirchhofsmauer. Als skurrile Gebilde, deformiert, eingefallen, verworfen und verbrannt zieren sie nun die Mauerkrone.

Wir tauchen kurz in die dörfliche Vergangenheit Glindows ein, können im benachbarten **Heimatmuseum** sogar noch etwas tiefer eintauchen, dann ist der **Glindower See** erreicht. Für ein Stück ist das Ufer der Allgemeinheit zugänglich, bevor uns ein breiter Graben vom See weg lenkt. Vorbei an der Marina, dem **Strandbad**, dem Campingplatz und etlichen Bootsstegen, haben wir das Wasser wieder neben uns. Hier und da bietet sich sogar ein kleiner, steiler Durchschlupf an das kühle Nass. Dann grüßt bereits der **Turm der Glindower Ziegelei** über die Häuser, bald sehen wir auch den dazugehörigen, noch betriebenen Ringofen. Paletten gebrannter Ziegel lagern daneben – die Tradition lebt.

Wer weiter nach ***Petzow*** möchte, bleibt der Uferstraße treu, streift die Ausläufer der Glindower Alpen und ist kurz darauf in Petzow, wo alle Attraktionen, Kirche, Schloss, Park, Einkehr und Fruchterlebnisgarten, dicht beieinander liegen.

Auf der kurzen Runde gehen wir vom Ziegeleiturm direkt in die **Glindower Alpen**. Zum Stechen des Tones musste die Erde umgekrempelt werden. Über und zwischen dem Lehm befindlicher Sand wurde abgetragen und dicht daneben abgekippt. So entstand eine Landschaft aus tiefen Gruben

Tiefe Schlucht in den Glindower Alpen

1 *Dr. Külz-Straße / Luise-Jahn-Str.* in **Glindow**: Durchgang zum P an der **Kirche**, vor der Kirche rechts *Kietz* ( ), bald am **Heimatmuseum** Linksknick *Kietz*, am Ende mit Rechtsknick an **Glindower See**, am Ende auf ( ) ~ 660m ⇨ 2 links über Brücke, Asphaltweg stets folgen (*Jahnufer*) und bald am **Strandbad** vorbei ~ 1,2km ⇨ 3 *Alpenstraße* kurz rechts, dann links am **Ziegeleiturm** (M) vorbei, über P geradewegs auf sandigen Fahrweg (***Abst. Petzow***: weiter *Jahnufer*, bald auf Fahrweg in die Glindower Alpen, am Ende links-rechts nach ***Petzow***, dort Fußweg neben *Fercher Straße* zur Kirche und zum ***Schlosspark***, Hinweg wie Rückweg, insgesamt 4,8km) ~ 300m ⇨ 4 rechts Fahrweg (Glindower Alpen), nach 60m links um in **Glindower Alpen** (Hexenpfuhl) ~ 360m ⇨ 5 geradeaus (Hexenpfuhl) und Weg stets folgen, dabei durch **Schlucht** ~ 620m ⇨ 6 Fahrweg am Waldrand rechts, kurz darauf Gabelung rechts ( ) ~ 570m ⇨ 7 rechts treppab in **Glindower Alpen** ( ) ~ 100m ⇨ 8 links treppab am Wasser entlang ( ), am Ende einige Stufen hinauf, an zwei Gabelungen rechts ( ) ~ 450m ⇨ 9 rechts bergan (Belvedère) ~ 150m ⇨ 10 links ( ), bald geradewegs über Lichtung zum **Belvedère**, dahinter treppab ~ 430m ⇨ 11 Fahrweg links, am Ende *Alpenstraße* links ~ 300m ⇨ 12 rechts *Weidenweg*, diesem an Gabelung links folgen, am Ende geradewegs Fußweg ~ 660m ⇨ 13 links über Brücke, dann rechts ( ) ~ 270m ⇨ 14 endet: links *Luise-Jahn-Straße* zur ~ 140m ⇨ *Dr. Külz-Straße*

und benachbarten Abraumhalden. Große Bäume und ein dichtes Pflanzenkleid, die heute den Reiz der alten Tongruben verstärken, gab es zunächst nicht.

Ein breiter, von mächtigen Ahornen, Flatterulmen, Eichen und Robinien gesäumter Weg führt uns in die Bergbaulandschaft. Nicht stark, aber stetig ansteigend, erreichen wir schließlich ein Plateau, auf dem nach einem Knick des Weges die **Kaiserlinde** auftaucht. Breit spannt sich die Krone des mehrstämmigen Baumes, auf den noch mehrere alte Bäume folgen, darunter eine Eiche und eine Kiefer. Kurz darauf ist besagte **Schlucht** erreicht – ein echtes, kleines märkisches Abenteuer. Es geht aber noch weiter, denn wir erklimmen auf schmalem Grat einen Rücken, der zum **Hexenpfuhl** hin steil abfällt; klasse! Nun ist der Rand der Glindower Alpen erreicht. An Obstwiesen und Gärten entlang, führt uns ein breiter Weg nochmals in die Alpen. Über etliche Stufen nähern wir uns einem wassergefüllten, kleinen Tal und folgen dem Wasser ein Stück. Bänke verlocken zu einer Pause, die in jedem Fall sehr lohnt – wenn es nicht Mücken auf unser Blut abgesehen haben. Ein bisschen hin, ein bisschen her und dabei auf und ab, öffnet sich schließlich eine große Sandfläche vor uns. Hier herrschen die trockensten und heißesten Verhältnisse der ganzen Glindower Alpen, Blumen und Insekten sind zu entdecken. Vorbei am Aussichtspunkt „Belvedère“, wo auch die Picknickdecke ausgerollt werden kann, stehen ein letztes Mal Stufen an, dann ist wieder der Rand der Alpen erreicht. Kurz an der wenig befahrenen **Alpenstraße** entlang, geht es an Obstwiesen, Kleingärten und Wiesen zurück zum **Glindower Dorfkern**. Einen letzten Blick auf den See geworfen, sind wir wieder an der schmucken **Dorfkirche**.

Glindow
WERDER
Kietz
Ulme
L.-Jahn-Str.
Dr. Külz-Str.
Schw. Weg
Porta Helena
Klaistower Str.
Weidenweg
Jahnufer
Strandbad
Glindower See
Berliner Straße
Potsdamer Str.
Glindower S.
Alpenstr.
Ziegelei-museum
Ringofen
Belvedere
Ulme
Kaiserlinde
Glindower Alpen
Schlucht
Hexen-pfuhl
Langer Grund
Grellebucht
Frucht-Erlebnis-Garten
Zum Inselparadies
Grelle
Am Rusterh.
Petzow
Zum Lindentor
Fercher Str.
Schloss
Haussee
Schwielowsee
GPS-Track: www.klaras-verlag.de/tracks/glindower_alpen
Maßstab ca. 1:24.000
0
500
1000
1500
2000m

Durch die Inselstadt Werder

Neben den bekannten und traditionsreichen Ausflugslokalen inmitten der Obstwiesen, die sich auf den Hügeln am „Festland“ entlang der Havel aufreihen, lockt auch die Insel mit der Altstadt zu einem Spaziergang. Reizvoll sind die vielen in letzter Zeit erneuerten oder angelegten Straßen, Gassen und auch die Wege am Ufer, wo Bänke zur Pause verleiten und die Gelegenheit bieten, die Wasservogelwelt der Havel zu beobachten. Kormorane ziehen ebenso vorbei wie Graureiher oder Graugänse, neben Höckerschwänen sind auch Stock- und Mandarinenten zu entdecken. Fischernetze, zum Trocknen aufgehängt, wiegen sich im Wind, und sowohl in den Gaststätten als auch im Hofladen in der Torstraße sind fangfrische Fische der Havelgewässer zu erstehen.

- ★ Heilig-Geist-Kirche, kath. Kirche, altes Rathaus, Bockwindmühle
- Uferpromenaden
- Friedenseiche Marktplatz
- am Ufer mehrere Gelegenheiten
- Fischverkauf Torstraße
- i am Alten Rathaus (werder-havel.de)
- M Obstbaumuseum und Windmühle (beide: werder.de)
- mehrere Gelegenheiten
- RE1 (Cottbus / Frankfurt [Oder] - Berlin - Brandenburg an der Havel / Magdeburg)
- B1 (Berlin - Potsdam - Brandenb. a.d.H.) bis Werder und über die Potsdamer oder Brandenburger Straße zur Altstadt
- P Vor der Insel mehrere Parkplätze

Bekannte Ansicht: Inselstadt Werder mit Heilig-Geist-Kirche und Windmühle

Am Marktplatz

Einen Eindruck der Obstbauern- und Weingärtnertradition von Werder vermittelt der große Friedhof an der Heilig-Geist-Kirche, wo aufwändige Grabstellen aus der Vergangenheit berichten. Imposant ist die Kirche daneben, entworfen von Friedrich August Stüler, der viele Arbeiten im Auftrag des Königs Friedrich Wilhelm IV. verrichtet hat. Werder war ein wohlhabendes Städtchen, wie es die Größe des Baus und die Verwendung von Backsteinen – natürlich aus heimischen Tongruben – verraten. Daneben steht das Alte Rathaus, neben dem die Touristinfo gemeinsam mit dem Obstbaumuseum Besucher und Interessierte empfängt. Die Silhouette der Insel prägen zwei weitere Bauten: Die Bockwindmühle und die katholische Kirche Maria Meeresstern. Ein beliebter Treffpunkt ist der Marktplatz, der von historischen Bauten gesäumt und von der mehr als 200 Jahre alten Friedenseiche beherrscht wird. Hier lässt es sich ebenso wunderbar sitzen, wie in einer der vielen Gaststätten der Inselstadt.

Entlang der Havelseen zur Insel Töplitz

40km

Potsdam, an sich schon überaus reizvoll und damit bestens für eine Tour geeignet, ist von schönen Landschaften umgeben, vielen Seen, Wäldern, Feldern und Wiesen und hübschen Dörfern. Hier und da haben die Hohenzollern-Regenten fernab der Residenzstadt einen Landsitz erbauen, die Landschaft verschönern oder einen Alterssitz schaffen lassen wie der baufreudige König Friedrich Wilhelm IV. Sein Plan der Verschönerung Potsdams wurde von Lenné umgesetzt, und man entdeckt die Spuren des Wirkens der beiden vielerorts.
Immer wieder begegnet uns auf dieser Tour auch das Wasser, mal mit schöner Aussicht, mal an einladender Badestelle. Die Wege der Tour haben von allem etwas, ruhige Asphaltwege, ein Stück größere Straße, Waldwege und Betonplattenwege – nichts also für Radler mit schmalen Reifen. Im Herbst sollte etwas Platz in der Gepäcktasche sein, denn an vielen Feldwegen reifen Pflaumen. Kirschen schließlich sind das Kennzeichen der Insel Töplitz, allerdings keine zum wilden Pflücken, sondern auf bewirtschafteten Kirschwiesen.

Schloss Marquardt

- ★ Freundschaftsinsel, Stadtschloss m. Fortunaportal, Nikolaikirche, Altes Rathaus, Marstall, Brandenb. Tor, Park Sanssouci und Schloss Sanssouci, Chin. Haus, Neues Palais, Forsthaus Sanssoucitor, Gut Schloss Golm, Dorfkirche Töplitz, Dorfkirche Grube, Schloss und Park Marquardt (Abst.), Bornimer Feldflur, Schloss Lindstedt, Dorfkirche, Friedhof und Krongut Bornstedt, Jägertor, Nauener Tor, Holländ. Viertel
- M Filmmuseum im Marstall (filmmuseum.de), Schloss Sanssouci, Neues Palais, Hist. Mühle
- Park Sanssouci, Wildpark, Schwarzer Berg Töplitz, Bornimer Feldflur, Katharinenholz
- Grube
- Havel (Wildpark-West), Kleiner Zernsee (Töplitz), Schlänitzsee (Marquardt, Abstecher)
- Brandenburger Straße, Luisenplatz, Wildpark-West, Gut Schloss Golm, Marquardt (Abst.), Krongut Bornstedt, Historische Mühle, Nauener Tor, Holländisches Viertel
- S1 (Oranienburg - Pdm Hbf), RE1 (Eisenhüttenstadt / Frankfurt [O.] - Berlin - Pdm Hbf - Brandenburg / Magdeburg), RB20 (Oranienburg - Pdm Hbf), RB21 (Wustermark - Griebnitzsee), RB23 (Michendorf - Pdm Hbf) bis Potsdam Hbf
- A10 (südl. Berliner Ring) bis ASt Michendorf und weiter B2 bis Potsdam, A10 (westl. Berliner Ring) bis ASt Pdm Nord und weiter B273 nach Potsdam, ansonsten B1 (Bln-Mitte - Brandenburg) oder B2 (Bln-Spandau - Beelitz) bis Potsdam
- P am Hbf Potsdam (kostenpflichtig)

Brücke über die Wublitz bei Nattwerder

Zum Auftakt der Tour sehen wir einige der berühmtesten Schlösser Brandenburgs: Vom **Hauptbahnhof** aus ist nur die Havel zu queren, dann haben wir das wieder aufgebaute **Stadtschloss** erreicht, das sich harmonisch in die historische Bebauung fügt. Auf Radwegen und beruhigter Straße kommen wir an die **Brandenburger Straße**, in der wir das Rad schieben müssen – nicht schlimm, es gibt viel zu sehen. Und wer lieber radeln möchte, kann die parallel verlaufende Charlottenstraße nehmen. Am Ende durch das prunkvolle **Brandenburger Tor**, schwingen wir uns in den Sattel und haben kurz darauf das berühmteste Potsdamer Bauwerk vor Augen, das auf den Weinbergterrassen stehende **Schloss Sanssouci**. Der Ökonomieweg bringt uns dann zum größten Schloss der Region, dem **Neuen Palais**. Hier müssen wir uns kurz unter stärkeren Verkehr mischen, teils auf einer Radspur, dann verschwinden wir an einer etwas unübersichtlichen Kreuzung im **Wildpark**. Der Werdersteig lenkt uns auf gutem Untergrund durch abwechslungsreiche Bestände – herrlich. In **Kuhfort** rollen wir erst über den stärker befahrenen Werderschen Damm, hinter den Bahnbrücken haben wir einen Radweg, der reizvoll am Wiesenland entlangführt. Auf kleinerer Straße verschwinden wir kurz darauf wieder im Wald, in den hinein die Siedlung **Wildpark-West** gebaut wurde. Am Ende lockt eine Rast an der Havel, die wir am weit ins Wasser vorspringenden Damm der Bahn nach Werder gleich noch einmal zu sehen bekommen.

Nach einem Stück über weites Wiesenland und an der begrünten Mülldeponie von Golm entlang queren wir in **Nattwerder** die Wublitz, die wie die Havel träge dahin fließt. Auf der anderen Uferseite liegt die **Insel Töplitz**, vielen bekannt als Kirscheninsel. Zunächst an mächtigen Eichen am Waldrand entlang, locken in der Mitte des Dorfes **Töplitz** ein Rastplatz am Schiffsanleger und eine weitere Badestelle. Vorbei am hoch aufragenden, wiederbelebten Weinberg, wechseln wir auf Betonplattenwege über, die uns im Mittelbruch an einigen Kirschwiesen vorbeiführen. Im angrenzenden weiten Ackerland haben wir den weitesten Blick der

Am Kleinen Zernsee in Töplitz

ganzen Tour, dann ist **Leest** erreicht – ein kleiner Ort, der vielen durch die Autobahnanschlussstelle ein Begriff ist. Den damit verbundenen Verkehr bekommen wir kurz zu spüren, am anderen Ufer der Wublitz, in **Grube**, schwenken wir jedoch auf einen ruhigeren Feldweg. Beim Abbiegen fällt unser Blick auf das hiesige Storchennest, auch die rechter Hand gelegene Kirche ist einen Abstecher wert.

Besagter Feldweg bringt uns an zahllosen Pflaumensträuchern entlang nach **Schlänitz**, einem Idyll im Winkel von Schlänitzsee und Sacrow-Paretzer Kanal. Auf der anderen Kanalseite liegt Marquardt, bekannt durch das Schloss und den ans Wasser reichenden Park. Ein Abstecher dorthin verläuft auf kleineren Wegen und über die Eisenbahnbrücke. ***Schloss Marquardt*** wurde zwar nie von einem Hohenzollern bewohnt, wohl aber von diesen verschenkt. So ging das Anwesen durch viele Hände, und wurde oft um- und ausgebaut. Der Park wurde 1823 nach Plänen von Peter Joseph Lenné umgestaltet.

Wir müssen uns kurz unter den Verkehr auf der B273 mischen – recht entspannt auf einem linksseitigen Radweg – dann entführt uns ein gut zu fahrender Betonplattenweg in die **Bornimer Feldflur**. Lenné hatte die Federführung bei der Verschönerung der Feldlandschaft unter König Friedrich Wilhelm IV. Verschiedenartige Alleebäume säumen die Wege und Straßen mit der Lindenallee des Gutsgartenwegs als Hauptelement. Am **Leibniz-Institut für Agrartechnik** müssen wir etwas kurven, dann ist die Mitte von **Bornim** erreicht. Hinter der Dorfkirche verhilft uns eine Ampel über die B273. Jetzt müssen wir Kräfte mobilisieren, um den ansteigenden Waldweg durchs Katharinenholz zu schaffen. Rotbuchen bilden naturnahe Bestände, einige alte Exemplare sind markante Blickfänge. Zur Belohnung des Aufstiegs geht es auf befestigter Strecke bergab am **Schloss Lindstedt** vorbei. Es sollte der Ruhesitz für Friedrich Wilhelm IV. sein, doch: der König starb unerwartet früh. Mit den Erinnerungen an Verstorbene haben wir es etwas weiter, die Amundsenstraße gequert und die Eichenallee heruntergefahren, zu tun. Viele Hofgärtner, so auch besagter P.J. Lenné, liegen auf dem stillen und intimen **Bornstedter Friedhof** begraben. Daneben erhebt sich der frei stehende Turm der Kirche. Kurz darauf folgt die nächste Attraktion, das **Krongut Bornstedt**, einst unter Friedrich Wilhelm IV. errichtet.

Am großen Parkplatz von Sanssouci und meist inmitten eines regen Fußgängerstroms, entdecken wir die weniger bekannte Straßenseite des **Schlosses Sanssouci**, radeln mit Schwung an die Schopenhauer Straße heran und weiter zur Altstadt. Auf kombiniertem Rad- und Fußweg bis zum **Nauener Tor**, bringt uns die Friedrich-Ebert-Straße zurück zum **Stadtschloss** und dem **Potsdamer Hauptbahnhof** am anderen Havelufer.

1 S R **Potsdam Hbf** (Ausg. Lange Brücke): *Lange Brücke* über Havel, am Ende rechts am **Stadtschloss** entlang () ~ 410m ⇨ 2 links *Alter Markt* und am **Fortuna-Portal** vorbei, dann *Friedrich-Ebert-Straße* rechts (anfangs) ~ 760m ⇨ 3 links *Brandenburger Straße* (Schiebestrecke) ~ 680m ⇨ 4 durchs **Brandenburger Tor** über und schräg rechts über *Luisenplatz* in *Allee nach Sanssouci*, am Ende geradewegs durch **Grünes Gitter** in **Park Sanssouci** () am Ende Rechtsknick ~ 750m ⇨ 5 *Ökonomieweg* links (Asphalt) ~ 1,7km ⇨ 6 am **Neuen Palais** links, hinter ▽ + geradeaus *Am Neuen Palais* ~ 615m ⇨ 7 2x rechts mit (Potsdam-West) unter Bahn hindurch ~ 280m ⇨ 8 im Linksknick der -Straße geradeaus (▽!) am **Forsthaus Sanssoucitor** vorbei auf *Wendersteig* in **Wildpark** (anfangs), am Ende durch **Kuhfort** ~ 2,5km ⇨ 9 links *Werderscher Damm* (F2.2 Wildpark-West, bald) ~ 810m ⇨ 10 rechts *Fuchsweg* (F2.2) und bald nach **Wildpark-West** ~ 1,3km ⇨ 11 T-Kreuzung *Am Markt* kurz rechts, dann links *Am Ufer* (F2.2) ~ 1,1km ⇨ 12 im Linksknick in *Seesteig*, dann rechts auf am Bahndamm entlang und unter Brücke hindurch geradewegs in *Galliner Damm* (Asphalt, F2.2), geht in **Golm** über in *Am Zernsee* ~ 2,8km ⇨ 13 geradewegs *Mühlendamm* (bald Schotter, F2.2) ~ 1,5km ⇨ 14 an ersten Häusern von **Nattwerder** links Sandweg und bald links über **Wublitz** () ~ 630m ⇨ 15 auf **Insel Töplitz** Fahrweg links (anfangs Sand, dann Schotter, F3.1), geht in **Töplitz** hinter **A10** über in *An der Havel* ~ 2,6km ⇨ 16 ▽ + geradeaus *Neu Töplitzer Straße* ~ 1,6km ⇨ 17 in **Neu Töplitz** an Buswendeschleife rechts Betonplattenweg (Göttin über Heidberg) ~ 600m ⇨ 18 auf freier Strecke rechts Betonplattenweg (F3.1), hinter **A10** geradewegs in *Eichholzweg* ~ 3,1km ⇨ 19 in **Leest** ▽ + links *An der Wublitz* ~ 800m ⇨ 20 in **Grube** im Rechtsknick der -Straße links *Schlänitzseer Weg* (▽! F3 Marquardt, anfangs Betonplatten, dann Sand/Schotter) ~ 2,1km ⇨ 21 in **Schlänitzsee** rechts *Königsdamm* (***Abst. Schloss Marquardt***: geradeaus F3, auf Bahnbrücke über Sacrow-Paretzer Kanal nach Marquardt) ~ 1,2km ⇨ 22 ▽ + rechts *Königsdamm*, kurz darauf ▽ + rechts *Marquardter Chaussee* (B273, linksseitig) ~ 430m ⇨ 23 links um auf Betonplattenweg (Potsdam) ~ 1,9km ⇨ 24 rechts Betonstraße über Brachland nach **Bornim**, am Ende links (), bald *Max-Eyth-Allee* rechts ~ 970m ⇨ 25 ▽ + schräg rechts *Rückertstraße* ~ 750m ⇨ 26 ▽ + geradeaus weiter *Rückertstraße* (linksseitig, diesem bald im Linksknick in *Potsdamer Straße* folgen ~ 610m ⇨ 27 an auf andere Straßenseite wechseln und schräg links ins **Katharinenholz** (F2.2), später am **Schloss Lindstedt** vorbei ~ 1,9km ⇨ 28 ▽ + geradewegs über *Amundsenstraße* in *Am Drachenberg*, kurz darauf links *Eichenallee* (Krongut Bornstedt) ~ 1,1km ⇨ 29 *Ribbeckstr.* rechts und am **Krongut** vorbei, am Ende Gabelung links in ~ 820m ⇨ 30 links *Zur Hist. Mühle* und am **Schloss Sanssouci** entlang ~ 360m ⇨ 31 in Abfahrt *Schopenhauer Str.* () rechts (, ▽! Fußgänger) ~ 560m ⇨ 32 dritte links Mittelstreifen der *Hegelallee* (▽! an kreuzenden Straßen!) ~ 770m ⇨ 33 am **Nauener Tor** rechts *Friedrich-Ebert-Str.*, am Ende links am **Stadtschloss** entlang (▽! Straßenbahn) und auf linksseitigem zurück zum ~ 1,4km ⇨ S R **Potsdam Hbf** S

Insel Töplitz
Schlänitzsee
Park
Marquardt
Sacrow-
Schlänitz
Königsd.
Marq. Str.
Marq. Ch.
Göttiner Weg
Heidberg
Mittel-
bruch
Gr. Eichholzberg
Eichholzweg
Neu Töplitz
Weinb.-Str.
Eichholz
Feldweg
Schlangen-
bruch
Töplitz
Leest
Schlänitz-seer Weg
Eisenbahn-Außenring
Neu-Töpl. Str.
Leester Str.
An der Wublitz
Zur Badest.
Leest
Wublitz
Wublitzstr.
Grube
Kl. Zernsee
Havel-blick
Schiffs-anleger
An der Havel
Nattwerder
Golmer Ch.
Schwarzer Berg
NSG Wolfsbruch
Mühlen-damm
Golmer Stichk.
Müll-deponie
Golm
Phoeben
Großer Zernsee
Gut Schloss Golm
Golmer D.
Am Zernsee
Reiherb.-straße
Phoebener Ch.
Galliner Damm
Brücke f. Radf. frei
Seesteig
Am Ufer
Wildpark-West
Markt
Fuchsweg
Havelpr.
HAVEL
Henning-von-Tresckow-Kaserne
WERDER
Arbeitsgemeinschaft »Städte mit historischen Stadtkernen« des Landes Brandenburg
F3.1
F3
F2.2
10
9
11
12
13
14
15
16
17
18
19
20
21
22

Maßstab 1:52.000
0
1
2
3km
GPS-Track: www.klaras-verlag.de/tracks/potsdam_toeplitz
Brücke in Bau
Paretzer-Kanal
Fahrlander See
Neu Fahrland
Weißer See
Jungfernsee
Marg. Ch.
Gutsgartenweg
Tyroler Graben
B273
Linden-allee
Leibniz-Inst. f. Agrartechn.
Lerchensteig
Nedlitz
Platanen-allee
M.-Eyth-Al.
Eichen-allee
Marquardter Ch.
Rückertstr.
Bornimer Feldflur
Amundsenstr.
Nedlitzer Straße
Bornim
POTSDAM
Ch.
Mitsch.-str.
F2.2
Hugstr.
Potsdamer Str.
Arbeitsgemeinschaft »Städte mit historischen Stadtkernen« des Landes Brandenburg
B2
Volkspark
Katharinen-holz
Nauener Vorst.
B273
Amundsenstr.
Ribbeckstr.
Bornst.
Pappelallee
Born-stedt
Lindst. Ch.
Schloss Lindstedt
Eiche
Eichenallee
Am Drachenb.
Krongut
Zur Hist. Mühle
Kaiser-Friedrich-Str.
Maulbeer-al.
Orang.
Str.
Schopenh. Str.
Am Neuen Palais
Neues Palais
Park Sanssouci
Schl. Sanss.
Nauener Tor
Hegelallee
Fried.-ki.
Chin. Haus
Ökonomieweg
Al. n. Sanss.
Brbg. Str.
Fr.-Ebert-Str.
Werderscher Damm
Schloss Charlottenhof
Yorcks.-Str.
Breite Str.
Park Sanss.
Kuhfort
Forsths Sanssoucitor
Geschw.-Scholl-Str.
Straße
Stadtschloss
Werder-steig
Potsdam-Charlottenhof
Lange Brücke
Potsdam Hbf
Wildpark
Potsdam-West
Zeppelin-
HAVEL
Forstweg
B1
1
2
3
4
5
6
7
8
23
24
25
26
27
28
29
30
31
32
33

Obst- und Weinbau

Obstbäume auf Wiesen und gürtelartig um die Dörfer, Obstverkauf in Hofläden oder am Straßenrand – der Obstbau hat im Potsdamer Gebiet eine lange Tradition. Begründet wurde er von den Zisterziensermönchen des Klosters Lehnin, die im 12. Jahrhundert in die Gegend kamen und genaue Kenntnisse im Anbau von Obst und auch von Wein hatten. Wein war ein geschätztes Getränk, in der Kirche spielte es beim Abendmahl eine wichtige Rolle und musste daher jederzeit verfügbar sein.

Nachdem die Zisterzienser Werder 1317 erworben hatten, wurde der Weinbau forciert, denn die Hügel entlang der Havel boten gute Anbaubedingungen. Zur Blütezeit wurden 130 Weinberge gezählt. Zeugnisse der Rebenzucht gibt es noch heute, wie etwa im Neuen Garten, wo die verschiedenfarbigen Weinmeisterhäuser die Umgestaltung zum Park überdauert haben. Fruchtende Weinreben sind überdies an den Weinbergterrassen des Schlosses Sanssouci und am Fuß des Klausberges unterhalb des Belvedère zu sehen – und obendrein zur Zierde an vielen Bauernhäusern.

Für den Niedergang des Weinbaus gab es mehrere Gründe: Im sehr kalten Winter 1740 erfroren viele Rebstöcke. Dazu kamen eine Reblausplage Mitte des 19. Jahrhunderts und eine Phase schlechteren Klimas – man spricht von einer „kleinen Eiszeit“. Auch sollen die Winzer oft unsachgemäß gearbeitet haben und süße und saure Trauben mit Stängeln und Kernen vermengt haben. Um die Wende zum 20. Jahrhundert wurde der Wein fast nur noch wegen seiner Blätter angebaut, die zum Einwickeln von Pfirsichen verwendet wurden. Erst seit 1985 recken am Wachtelberg in Werder wieder Weinstöcke ihre Äste in die Höhe, der Wein wurde mehrfach ausgezeichnet und das Anbaugebiet vergrößert (wachtelberg.de). Anlässlich der BUGA 2001 in Potsdam wurde sogar ein Weinlehrpfad angelegt. Auch auf dem Töplitzer Weinberg wurde 2007 die Jahrhunderte alte Tradition wieder belebt (weingut-toeplitz.de).

Der Rückgang des Weinbaus war die Geburtsstunde des Obstbaus, der heute der Gegend sein Gesicht verleiht. Geerntet werden neben Pflaumen, Äpfeln, Birnen und Kirschen auch Erd-, Him-, Johannis- und Stachelbeeren sowie Pfirsiche und Aprikosen. Neu hinzugekommen ist der Sanddorn. Wurden anfänglich in damals üblicher Weise hochstämmige Bäume angepflanzt und die Wiesen unter den Bäumen als Weideland oder zur Futtergewinnung genutzt, sind infolge der Intensivierung viele alte Obstbäume verschwunden und durch niedrigstämmige Bäume ersetzt worden. Dünger und Pflanzenschutzmittel garantieren hohe Erträge.

Das erste Werderaner Baumblütenfest soll 1860 stattgefunden haben. Seit 1879 werden die Feste gezählt, auf denen verschiedene Obstweine ausgeschenkt werden. Mehrere große Ausflugslokale entwickelten sich zu Besuchermagneten, wie die Wachtelburg, der Rauenstein, die Friedrichs-, die Gerlachs- und die Bismarckhöhe – einige locken noch heute mit einer klasse Aussicht. Das Baumblütenfest findet jährlich in der letzten April- und der ersten Maiwoche statt.

Aus einem Guss: Paretz

Dorf mit Mehlwaage und Spritzenhaus

Eine Sommerresidenz für den Kronprinzen und seine Frau sollte es sein – fernab von Potsdam. Das Ganze gelegen in ländlicher Umgebung mit dörflicher Atmosphäre. Und schnell sollte es gehen. 1797 erwarben König Friedrich Wilhelm III. – erster Hohenzollernregent, der in Potsdam geboren wurde – und seine Frau Luise das Fischerdorf Paretz und beauftragten den Baumeister David Gilly und seinen Sohn Friedrich, die Ideen umzusetzen. Rasch entstand eines der bedeutendsten Zeugnisse ländlicher Baukunst im frühklassizistischen Stil, nicht nur schön fürs Auge, sondern zugleich landwirtschaftliches Mustergut. Kern ist die frei auf einem Platz stehende und von einigen großen Bäumen umgebene Kirche und ihr gegenüber das in den vergangenen Jahren restaurierte Schloss. Das Bild vervollständigen Mehlwaage mit Spritzenhaus, Schmiede, Amtshaus, mehrere Bauernhöfe und weitere Bauten. Das Königspaar verbrachte zwischen 1797 und 1805 stets sechs Wochen im Spätsommer in Paretz. Heute locken liebevoll restaurierte Bauten, Gaststätten und Übernachtungsmöglichkeiten inmitten historischer, ländlicher Idylle.

Paretz ist zu erreichen über den westlichen Berliner Ring (A10), Abfahrt Potsdam Nord, und die dort abzweigende Landstraße nach Ketzin. Wer den Ort mit dem Fahrrad anpeilt, kann auf dem Havelradweg bis zur Fähre Ketzin fahren und muss dann ein kurzes Stück der Landstraße nach Paretz nehmen.

Dorfkirche und Schloss Paretz (links)

In die Lehniner Klosterheide

8,5km

Schon das Kloster Lehnin ist einen Ausflug wert. Die alten Gemäuer und die grüne Umgebung bieten vieles. Doch auch die Wälder haben ihre Reize. Abwechslungsreich, hier und da mit alten, breitkronigen Baumriesen, durchzogen von Alleen und durchsetzt mit Seen. Viele markierte Wege erschließen die Region.
Eines gilt es heutzutage zu bedenken: Die Eichen der Klosterheide sind ein gefundenes Fressen des Eichenprozessionsspinners. In den letzten Jahren hat sich das Insekt, dessen Raupen für die Gesundheit des Menschen sehr gefährlich werden können, rasant ausgebreitet – so müssen die aktuellen Hinweise entlang der Wege in der heiklen Zeit von Mai bis Juni unbedingt beachtet werden.

- Kloster Lehnin, alte Posthalterei
- Mühlenteich, Schamp- u. Kolpinsee
- alte Buchen und Eichen in der Klosterheide
- Schampsee
- in Lehnin mehrere Gelegenh.
- Lehnin
- Busverbindungen bestehen nach Brandenburg a.d.H., Potsdam und Bad Belzig (klosterlehnin.de/verkehr/fahrplan.php)
- A2 (Berliner Ring - Hannover) bis ASt Lehnin und den Hinw. folgen

Start der Wanderung ist der Zugang vom Ort zum Klosterbezirk – der Busbahnhof und mehrere Parkplätze liegen ganz in der Nähe. Es lohnt sich natürlich sehr, zunächst dem **Kloster** einen Besuch abzustatten. Die Klosterkirche ist nach wenigen Schritten entlang alter und überaus sehenswerter Backsteinbauten und inmitten dicht stehender Linden erreicht.
Gen Klosterheide müssen wir zunächst der befahrenen **Hauptstraße** folgen, haben dabei hin und wieder einen Blick auf die Klosterbauten und auf den **Mühlenteich**. Hinter der alten Posthalterei, ein stattlicher Putzbau über neun Achsen, ebbt der Verkehr merklich ab, denn die meisten steuern der Autobahn zu. Am Sportplatz erreichen wir die ersten Ausläufer der **Klosterheide**. Im-

Streuobstwiese am Kloster Lehnin

mer wieder sind stattliche alte Buchen und Eichen besondere Blickfänge am Wegrand, später sogar ein größerer Rotbuchenbestand – Lebensraum des Schwarzspechts. Hier lockt ein überdachter Rastplatz. Dann steuern wir dem **Schampsee** zu. Um uns wird zwar Waldbau betrieben, vielerorts wird der Natur aber Raum gelassen. So haben Gehölze die Möglichkeit zu wachsen, die nicht zum alltäglichen Bild gehören. Hier ist es eine dichte Strauchschicht mit vielen Vogelbeeren. An einem plätschernden Bach ist der Schampsee erreicht. Bänke verleiten ebenso zu einer Pause wie kleine Plätzchen zum Ausrollen der Picknickdecke.

Ein bewaldeter Rücken trennt den Schamp- vom größeren Kolpinsee, und erneut sind es Alleebäume, die unseren Waldweg säumen. Es sind Eichen, und dass die Bäume in der jüngeren Vergangenheit dem Eichenprozessionsspinner zusagten, ist hier und da unübersehbar, wenn große Gespinste in den Gabeln stärkerer Äste oder am Stamm hinabhängen. Dann taucht der **Kolpinsee** auf – bei schönem Wetter ist er oft am fröhlichen Rufen der planschenden Kinder zu erkennen. Wir folgen dem Uferweg für ein Stück, können den Blick über die Wasserfläche schweifen lassen und entdecken am Ufer vielleicht eine Ringelnatter oder Haubentaucher oder Schellenten auf dem Wasser. Beide haben besondere Eigenarten beim Brutgeschäft und bei der Aufzucht der Jungen. So tragen Haubentaucher ihren Nachwuchs anfangs auf dem Rücken – da ist er vor Feinden von unten sicher. Und Schellenten brüten, obwohl Wasservögel, in Bäumen, allerdings nicht in Nestern, sondern in Höhlen. Da Schellenten nicht klein sind, dürfen die Höhlen auch nicht klein sein. Sie zu zimmern schafft nur die größte heimische Spechtart, der Schwarzspecht. Nach dem Schlüpfen müssen die Jungen

einen tollkühnen Sprung hinlegen, denn es geht gleich mit den Eltern aufs Wasser. Der Uferweg mündet in einen lichten Kiefernbestand, in dem sich bis vor einigen Jahren ein Campingplatz befand, herrlich im welligen Gelände unter Bäumen am Wasser gelegen. Wir schlagen noch einen kleinen Haken und bleiben ein Stück am Kolpinsee. An einem kleinen Zufluss tauchen wir dann in den hügeligen Wald ein, streifen eine stille, feuchte Waldwiese und kommen in einer Allee zurück zum früheren Campingplatzbereich. Den lassen wir auf einem sich reizvoll schlängelnden, leicht auf und ab führenden Weg hinter uns, passieren die Südspitze des **Schampsees** und bekommen einmalige Waldbilder zu sehen. Am Ende wird der Weg, es ist der Alte Fischerweg, schmal, dann haben wir wieder den Sportplatz vor uns. Zurück geht es auf bekannter Strecke, wobei wir am Ende noch einen kleinen Schwenk zum ***Steg am Mühlenteich*** machen können. Der lockt mit Bänken und schönen Blicken aufs Wasser. Dann ist wieder der **Klosterbezirk** erreicht, der Ursprung von Lehnin.

Lehnin und Umgebung

1 Ausgang vom **Kloster Lehnin** zur Hauptstraße (Klosterplatz): links *Hauptstraße* (gleich Rundweg Schamp- u. Kolpinsee) ~ 550m ⇨ 2 geradeaus *Neuhäuserstraße* (Sportzentrum) ~ 270m ⇨ 3 geradeaus *Potsdamer Straße,* am Rand der **Klosterheide** um ( ) ~ 2,0km ⇨ 4 nach Linkskurve: rechts Waldweg (Kolpinsee), ~ 360m ⇨ 5 am **Schampsee** geradeaus, hinter Brücke Gabelung links (Rundweg Schamp- und Kolpinsee) ~ 520m ⇨ 6 am **Kolpinsee** rechts Uferweg ( ) ~ 670m ⇨ 7 noch auf Uferweg bleiben (hier) ~ 180m ⇨ 8 unmittelbar vor kleiner Brücke rechts Waldweg ~ 280m ⇨ 9 Mehrwegkreuzung scharf rechts Waldweg ~ 245m ⇨ 10 T-Kreuzung nahe Kolpinsee: links ( ) ~ 480m ⇨ 11 hinter Brücke über Abfluss des **Schampsees** geradeaus ( ) ~ 860m ⇨ 12 Kreuzung: geradeaus *Fischersteig* ( ), Weg knickt am Ende kurz vorm Waldrand nach rechts ab ~ 1,1km ⇨ 13 T-Kreuzung: Fahrweg links nach **Lehnin** (*Potsdamer Straße*, geht über in *Neuhäuserstraße*) ~ 560m ⇨ 14 geradewegs in *Kurfürstenstraße*, geht über in *Hauptstraße* zurück zum ~ 1,1km ⇨ Klosterkirchplatz

Kloster Lehnin

Klosterkirche

Lehnin – ein Ort, dem in der Besiedlungsgeschichte Brandenburgs eine besondere Rolle zukommt: Als im 12. Jahrhundert die Askanier das Land eroberten, mussten sie es in ihrem Sinn entwickeln, um es weiterhin zu behaupten. Städte und Dörfer wurden gegründet, Burgen an strategisch wichtigen Orten errichtet und Kirchen und Klöster erbaut. Es galt, die Slawen zu missionieren und Wissen in der Kultivierung des Landes heranzuholen. So entstand 1180 das Zisterzienserkloster Lehnin, der Sage nach genau an der Stelle, an der der askanische Markgraf Otto I. im Traum eine heilige Erscheinung hatte. Das Kloster entwickelte sich gut und wurde zum Mutterkloster etlicher weiterer Gründungen in der sich entwickelnden Mark Brandenburg. Wie überall im Land, wurden die Klöster mit der Reformation nutzlos. Zum Teil wurden sie in königliche Domänen umgewandelt, vielerorts begannen sie zu verfallen. Lehnin wurde Mitte des 19. Jahrhunderts als eines der ersten „Zeugnisse der Vorzeit" aufwändig restauriert. Die größten Baumeister des Landes waren daran beteiligt, eigens für die Restaurierung wurden sogar wieder die mittelalterlichen Lehmgruben in Betrieb genommen, um farblich passende Backsteine zu erhalten. Heute nutzt das evangelische Luise-Henrietten-Stift die Anlage, betreibt dort ein Krankenhaus, ein Seniorenheim und weitere Einrichtungen.

Innenhof mit Kreuzgang und Klosterkirche

Um den Gohlitzsee

★ 🌳 🛁 🍽 9,2km

Lehnin für sich gehört schon zu den schönsten Ausflugszielen Brandenburgs. Doch die Gegend um den Ort ist mindestens genauso reizvoll. Sowohl die Klosterheide (⇨ S. 100) hat ihre Reize, als auch die Wanderung um den Gohlitzsee. Sie zeigt auf nicht allzu langer Strecke vieles von dem, wofür Brandenburg weithin bekannt ist: Seen, Alleen, alte Bäume, bizarre Kiefern und naturnahe Buchenmischwälder, dazu neben dem ehrwürdigen Kloster auch die Zeugnisse der einstmals industriellen Ziegelproduktion.

Die Wanderung kann für Autofahrer am Parkplatz des Luise-Henrietten-Stifts beginnen; wer mit dem Bus nach Lehnin kommt, startet am Busbahnhof in der Ortsmitte. Vom Parkplatz geht es zunächst über das Klostergelände, vorbei an der Klosterkirche

★ Kloster Lehnin, Denkmal Willibald Alexis, Ringofen Rädel

🌳 alte Eichen in Rädel u. am Kloster, Kiefern-Saatgutplantage

🛁 Gohlitzsee

🍽 in Lehnin mehrere Gelegenh.

🍨 in Lehnin mehrere Gelegenheiten

🚌 Busverbindungen bestehen nach Brandenburg a.d.H., Potsdam und Bad Belzig (klosterlehnin.de/verkehr/fahrplan.php)

🚗 A2 (Berliner Ring - Hannover) bis ASt Lehnin und den Hinw. folgen

und durch eine Allee knorriger Linden. Am Ausgang an der Hauptstraße treffen die Busfahrer hinzu. Zunächst auf Gehwegen entlang größerer, bald aber kleinerer Straßen, können wir auf Höhe des Friedhofs einen Abstecher zum Denkmal für Willibald Alexis machen, das am Waldfriedhof an den Heimatforscher erinnert.

Am Gohlitzsee bei Rädel

Von oben kommen wir kurz darauf an den Gohlitzsee heran, wo verlockend eine Bank an der kleinen Badestelle steht. Nun tauchen wir in den Laubmischwald ein, in dem neben Rotbuchen und Kiefern auch Eichen stehen. Die Eichenprozessionsspinner sind also nicht fern, worauf Schilder am Rand des Waldes hinweisen. Der geschwungene Uferweg streift später eine ausgehagerte Stelle, die fast vollständig von Weißmoos bedeckt ist. Kurz darauf, an einer weiteren Badestelle vorbei, knickt der Weg bergan vom See weg und führt auf eine idyllische Lichtung. Auch hier: ein verlockendes Plätzchen auf einer Bank. Dann folgt der bizarre Bestand einer Kiefern-Saatgutplantage: Die schon etwas dickeren Bäume sind nicht allzu groß, haben aber dennoch eine breite Krone. Anhaltendes Stutzen hat die Bäume in diese Form gebracht, in der die reifen Zapfen leichter gepflückt werden können als bei den normalen Wuchshöhen. Die Saatgutplantage grenzt an einen Trockenrasen, auf dem Schmetterlinge, Heuschrecken, Käfer, Libellen und mit etwas Glück sogar Eidechsen zu sehen sind.

Am Ende wieder in den Laubmischwald, erreichen wir bald eine große Lichtung, auf der reizvoll ein breitkroniger Solitärbaum steht. Wir nähern uns Rädel, peilen zunächst aber noch einmal den Gohlitzsee an. Hier lockt eine etwas größere Badestelle mit Steg, grüner Wiese und hellem Sand. Kurz darauf ist Rädel erreicht – allerdings nicht die Dorfmitte, die liegt ein ganzes Stück entfernt. Dennoch können wir eine Attraktion des Ortes sehen, die unscheinbaren Reste des Ringofens. Der verrät sich zwar nicht mehr durch einen markanten Schornstein, ist aber dennoch nicht zu verfehlen. Dazu müssen wir an der querenden Hauptstraße am schmucken Wohnhaus des ehemaligen Ziegeleibesitzers vorbeigehen

Blauflügelige Sandschrecke an der Saatgutplantage

und kommen schnurstracks auf den runden Backsteinbau zu.

Ansonsten nimmt uns für einige Schritte der schmale Schotterweg neben der Straße auf, der in Kurven durch den alten Allee-Eichenbestand verläuft. Einige Eichen bringen es auf eine beachtliche Größe – und wir wandern direkt daran vorbei. Wir könnten nun eigentlich auf dem Fußweg entlang der Straße bleiben, bald gesellt sich wieder der Gohlitzsee hinzu. Es lohnt sich jedoch, einen Schwenk in die angrenzenden Hügel zu machen. Zunächst in einer Eichenallee bergan, tauchen wir bald in den Wald ein, streifen das alte Forsthaus und treffen am Ende des Hakens auf besagte Uferstraße. Bis Lehnin ist es nicht mehr weit, und nun drehen wir noch eine Runde voller Eindrücke durch den Ort.

Durch Kleingärten und auf der attraktiven Uferpromenade des Emsterkanals voran, ist die Klosterkirche mit ihrem auffällig unauffälligen Dachreiter immer wieder zu sehen. Eine Allee aus alten Eichen, Linden und anderen Bäumen bringt uns mitten in das Stiftsgelände. Wer sein Auto abgestellt hat, geht stets geradeaus, wer mit dem Bus kam, hat nun noch das Wegstück an der ehrwürdigen Klosterkirche und über altes Pflaster entlang vor sich.

Lehnin und Umgebung

1 Ausgang vom **Kloster Lehnin** zur Hauptstraße: über + rechts *Hauptstr.* (geht über in *Friedensstr.*, W.-ALEXIS-WANDERWEG) ~ 845m ⇨ **2** links *Lindenstr.* (, am Abzweig der *Beethovenstr.* ***Variante***: schräg links *Puschkinstr.*, hinterm ***W.-Alexis-Denkmal*** schräg rechts Waldweg, stets) ~ 270m ⇨ **3** an einmündender *Gohlitzstr.* links Uferweg am **Gohlitzsee** (bald) ~ 810m ⇨ **4** links ansteigender Waldweg () und bald an **Kiefern-Saatgut-Plantage** entlang ~ 340m ⇨ **5** Kreuzung: rechts (), am Ende der Lichtung schräg links in den Wald ~ 620m ⇨ **6** T-Kreuzung: rechts Fahrweg () ~ 490m ⇨ **7** am Waldrand rechts (DREI-ECKEN-WEG) und bald an **Badewiese** entlang ~ 560m ⇨ **8** *Hauptstr.* rechts (***Abstecher Ringofen***: geradeaus) ~ 450m ⇨ **9** im Rechtsknick der Straße links, kurz darauf geradewegs über kreuzende Straße ~ 190m ⇨ **10** 1. Gelegenh. rechts Fahrweg ~ 360m ⇨ **11** Gabelung: rechts in den Wald, nach Rechtskurve T-Kreuzung: links Fahrweg, diesem in Rechtskurve folgen ~ 630m ⇨ **12** T-Kreuzung am **Gohlitzsee**: links (schmaler Fußweg) nach **Lehnin** (*Gohlitzstr.*) ~ 890m ⇨ **13** rechts *Belziger Straße* ~ 150m ⇨ **14** links *Am Kessel* ~ 280m ⇨ **15** rechts *Kaltenhausen*, dann gleich schräg rechts *Kirchsteig* () ~ 325m ⇨ **16** rechts versetzt über *Bahnhofstraße* (!) auf an **Emsterkanal** (●) ~ 830m ⇨ **17** rechts Brücke über Emster, dahinter rechts in Allee ~ 620m ⇨ **18** rechts Fußweg durchs Tetzeltor (Klosterkirche), vor **Klosterkirche** links zurück zum ~ 310m ⇨ *Klosterkirchplatz*

Gefahr im dritten und vierten Raupenstadium: Der Eichenprozessionsspinner

Lang ist der Weg eines jeden Eichenprozessionsspinners vom Ei zum ausgewachsenen Falter. Er dauert gut ein Jahr, beginnt mit der Eiablage im Herbst, führt über mehrere Raupenstadien und endet mit dem Spinner, von denen das Weibchen wieder Eier ablegt. In aller Munde ist das Tier, das mehrmals seine Gestalt völlig ändert, wegen der Haare, die vor allem im dritten und vierten Raupenstadium ausgebildet werden. Sie sind ein Schutz vor Fressfeinden, von denen es allerdings nur sehr wenige gibt – zu wenige, um das explosionsartige Anwachsen der Bestände in der Region zu bremsen. Grund für die starke Ausbreitung der Tiere ist der Wandel unseres Klimas. Die steigenden Temperaturen verbunden mit ausreichend Nahrung und den wenigen Fressfeinden lassen geradezu paradiesische Verhältnisse für das Insekt entstehen.

Die beiden ersten Raupenstadien des Eichenprozessionsspinners, aus denen das Tier stets etwas verändert hervorgeht, sind für den Menschen ungefährlich. Ganz anders jedoch das dritte und vierte Stadium, in dem die Raupen besagte Haare ausbilden, im dritten Stadium noch kürzer, im vierten länger. In diesen Haaren, es sind Brennhaare, ist eine Substanz enthalten, die beim Menschen allergische Reaktionen hervorrufen kann – mitunter sogar lebensbedrohliche. Dabei muss nicht einmal unmittelbarer Kontakt bestehen, die Haare sind sehr leicht und können durch den Wind weit getragen werden. Auch die Gespinste, in die sich die Tiere zum Ausruhen und zur weiteren Entwicklung zurückziehen, sind voller Haare und anderer Reste.

Seit einiger Zeit wird in Gebieten, in denen die Tiere massenhaft auftreten, von Mai bis Juni Gift ausgebracht – entweder vom Hubschrauber auf größerer Fläche verteilt oder von der Hebebühne gezielt auf einzelne Bäume gesprüht. Das Gift verhindert die Häutung und führt damit zum Tod der Tiere. Aber auch andere Schmetterlinge sowie Heuschrecken und weitere Insekten werden von dem Gift getötet – daher gibt es viel Kritik am Einsatz der Chemie. Ebenfalls praktiziert wird das Heraussammeln der Nester aus den Bäumen und das Abflammen –stets in Schutzanzügen und mit Atemmasken.

Gespinst mit Resten der Raupen und Haaren

Auf dem Storchenweg um die Beetzseen

33km

Die älteste Stadt des Landes Brandenburg, gleichzeitig die Wiege des Landes. Drei Altstadtkerne, alle voller baulicher Zeugnisse der letzten 800 Jahre. Dazu viel Wasser, das der Havel, der Beetzseen und vieler Tongruben. Und der dickste Baum Brandenburgs, die Schwedenlinde in Brielow. Sommers, wenn die Havel und die Seen zum Baden locken, klappert es in den Dörfern. Adebar nistet in etlichen Orten an der Strecke. So wurde vor einigen Jahren der „Storchenwanderweg" aus der Taufe gehoben, ein Netz von Wegen rund um die Beetzseen, die Havel und weitere Seen. Sie sind gut beschildert, und in der Nähe der Horste stehen Infotafeln mit Wissenswertem rund um den Storch. Der Clou: Für Radler wurden die Wege immer besser ausgebaut. In der Beetzseegegend verlaufen sie auf der Trasse einstiger Tonbahnen und oft fernab der größeren Straßen auf feinem Asphalt – herrlich! Mit der Dorfkirche von Ketzür liegt eine im ganzen Land einzigartige Dorfkirche an der Strecke.
So hält die Tour sowohl für Kulturinteressierte vieles bereit, auch Naturfreunde kommen ganz auf ihre Kosten.

- hist. Stadtkerne Brandenburg mit Dom, Katharinenkirche, Gotthardtkirche, Pauli-Kloster, Altst. Rath., Dorfkirchen Brielow, Radewege, Butzow, Ketzür, Lünow, Gutshaus Mötzow
- Brielow, Radewege, Butzow, Ketzür (seit längerem unbesetzt), Lünow, Mötzow
- Schwedenlinde Brielow
- Ketzür (toepferei-mosterei-ketzuer.de), Vielfruchthof Mötzow (vielfruchthof.de), Brandenburg Mühlendamm Fischverkauf
- Ketzür (bockwindmuehle-ketzuer.de)
- N' Ostalgiemuseum Mötzow, Brandenburg a.d.H. ⇨ S. 119
- Ketzür, Brandenburg (Grillendamm)
- Vielfruchth. Mötzow (vielfruchthof.de)
- Radewege, Ketzür, Mötzow, in Brandenburg mehrere Gelegenh.
- RE1 (Eisenhüttenstadt / Frankfurt [O.] - Berlin - Potsdam - Brandenburg / Magdeburg) oder RB51 (Rathenow - Brandenburg)
- A2 (Berl. Ring A10 - Magdeburg) bis ASt Brandenb. a. d. H. und mit den Hinweisen in die Stadtmitte
- P mehrere Gelegenheiten

Die Havelstadt Brandenburg vom Rad aus – eine ganz andere Perspektive als etwa aus dem Auto. Denn durch die Stadtmitte führen etliche Wege, die nur von Radlern und Fußgängern genutzt werden dürfen, teils in den grünen, alten Wallanlagen und über eigene Brücken, die eine ganz andere Streckenführung ermöglichen als die bekannten und befahrenen Straßen. So haben bereits die ersten Tritte vom **Hauptbahnhof Brandenburg** in die Altstadt ihre Reize. Auf ruhiger Strecke, vorbei an gewachsener Bebauung und mit einem ersten Blick aufs Wasser, entdecken wir das **Pauli-Kloster**, in dem das Archäologische Landesmuseum, eines der bedeutendsten Museen des Landes, beheimatet ist. Dann ein Stück durch kleine Gassen und über Kopfsteinpflaster, streifen wir eine der schönsten gotischen Kirchen Brandenburgs, die **Katharinenkirche**. Noch einen Blick in die Hauptstraße mit ihren vielen Geschäften geworfen, hilft uns erneut eine kleine Brücke übers Wasser. Weit müssen wir den Kopf in den Nacken nehmen, um auf dem Domplatz den **Dom** in ganzer Größe zu sehen. Sehr zu empfehlen sind ein Gang durch das Bauwerk und das Museum. Die nunmehr dritte kleine Brücke verhilft uns ans nördliche Havelufer, kurz darauf queren wir den Abfluss der Beetzseen. Die im Mittelalter gegründete Neustadt mit der Gotthardtkirche vor Augen, wechseln wir auf den ruhigen Uferweg über, der uns an den **Silokanal** bringt. Den auf einer größeren Brücke gequert, erreichen wir das große Regattasportgelände, das unter Wassersportlern weltweit bekannt ist. Bekannt ist auch Fritze Bollmann, ein Brandenburger Original. Er lebte im 19. Jahrhundert in der Stadt, betrieb ein Friseurgeschäft und hatte nicht den besten Stand. Vor allem von Kindern wurde er oft verspottet, insbesondere, nachdem er beim Angeln vom Kahn ins Wasser gefallen war. Schnell war ein Spottlied gereimt, das noch heute bekannt ist. Anders als in diesem Lied hat der Angler den Sturz ins Wasser jedoch überlebt. In der Hauptstraße erinnert ein Brunnen an Bollmann, nach dem auch der Weg benannt ist, der uns aus der Stadt hinausführt.

Schwedenlinde

Bald treffen wir auf die ersten Reste der früher in der Region typischen Feld-Eisenbahnen, die die Ziegeleien der tonreichen Gegend mit den großen Bahnlinien und den Wasserwegen verbanden. Auf dem alten Bahndamm, jüngst für Radler asphaltiert, erreichen wir **Brielow** – und damit das erste Storchennest der Tour. Unter Freunden beeindruckender Bäume ist der Kirchhof eine Top-Adresse, denn hier steht der dickste Baum Brandenburgs, die ***Schwedenlinde***. Wer das rund 400 Jahre alte Holzgewächs nicht mit eigenen Augen gesehen hat, glaubt fremden Schilderungen kaum.

Auf asphaltiertem Bahndamm geht's weiter, vorbei an den Radeweger Erdlöchern, wie die wassergefüllten Tongruben heißen, nach **Radewege**. Schöne Aussichten gleich am Ortsbeginn: Auf der einen Seite der Beetzsee, sehen wir auf der anderen ein weiteres Storchennest. Im Ort locken auch eine schmucke Dorfkirche und Einkehrmöglichkeiten.
Auf Fahrt ins benachbarte **Butzow** verlassen wir die Tonbahntrasse und radeln über den Hasselberg; der einzige nennenswerte Anstieg der Tour. Mit Schwung an die Dorfstraße heran – aufgepasst, wir müssen die Vorfahrt gewähren –, sind wir rasch wieder auf der Tonbahntrasse und radeln durch weites Wiesenland. Im Zickzack nach **Ketzür**, bietet sich mehrerlei an: Ein Besuch der Kirche oder der Bockwindmühle, auch der Hofladen, die Gaststätte am See und die Badestelle locken zum Halt. Die Kirche ist ein kleines Wunder. Sie besteht aus allen gängigen Baumaterialien: Feldstein, Backstein, Holz und Lehm. Der Grundriss ist einzigartig: An den Ursprungsbau auf siebeneckigem Grundriss lehnen sich auf der einen Seite der Turm, auf der anderen ein rechteckiger Renaissance-Saal. Ebenfalls später hinzugekommen sind zwei Logenaufgänge an der Südseite. Aus der

Gutshaus von Mötzow

Kirche Ketzür

Renaissance stammen die wertvollsten Teile der Ausstattung wie der Altaraufbau. Im barocken Stil wurde die Decke bemalt – im Innern merkt man dem Bau seine lange Entstehungszeit kaum an.
Wieder im Sattel, radeln wir erneut durch die weite Landschaft, bis uns eine Brücke über den **Sträng** ans andere Ufer der Beetzseen hilft. Nun ist es eine Landstraße, wunderbar eingekleidet von Alleebäumen, die uns zurückführt. Zunächst können wir einen ***Abstecher nach Lünow*** machen; auch hier ein Storchennest und eine Kirche in der Dorfmitte.
Nach einiger Zeit trennen wir uns von der Straße und radeln von der ruhigen Seite nach **Mötzow**. Ein großer ländlicher Betrieb hält vieles für Interessierte bereit, wir können einkaufen, einkehren oder das N'Ostalgiemuseum besuchen. Sehenswert ist auch das Gutshaus.
Ein Stück auf eigenem Radweg, müssen wir uns unter den motorisierten Verkehr mischen. In **Brandenburg** mehrmals das Wasser gequert, haben wir wieder den Dom zur Seite. Auf kleine Wege ausgewichen, streifen wir den leeren Neustädtischen Markt; das hiesige Rathaus wurde nach dem Zweiten Weltkrieg abgetragen. Vorbei am Pauli-Kloster, sind wir kurz darauf wieder am Brandenburger **Hauptbahnhof**.

1 Ⓡ **Brandenburg a. d. H. Hbf**: über *Am Hauptbahnhof* () und über Straßenbahngleise () in *Kleine Gartenstraße* (Hist. Stadtkerne,) ~ 500m ⇨ **2** rechts *Kirchhofstraße* (u.a. Dominsel), kurz darauf links und über Brücke ~ 320m ⇨ **3** am **Pauli-Kloster** schräg links in *Der Temnitz*, geht über in *Paulinenstraße* ~ 240m ⇨ **4** um + etwas rechts versetzt über *Steinstraße* (Straßenbahn) in Gasse, gleich an **Katharinenkirche** rechts ~ 160m ⇨ **5** am *Neustädtischen Markt* links *Hauptstraße* (Fahrrad frei), kurz darauf rechts *Große Münzenstraße* ~ 350m ⇨ **6** schräg rechts und über Brücke (Dominsel), bald geradewegs über *Domkietz* auf (Schotter) ~ 370m ⇨ **7** rechts *Burgweg*, an Einmündung der Straße *Sankt Petri* links auf *Burghof* und am **Dom** entlang, hinter letztem Haus schräg links und über Brücke (Altstadt) ~ 430m ⇨ **8** links *Grillendamm* () ~ 300m ⇨ **9** hinter Brücke rechts *Beetzseeufer* ( ), Promenade bald im Linksknick am **Silokanal** folgen ~ 1,2km ⇨ **10** links an Brückenböschung entlang, dann rechts *Brielower Straße* ~ 750m ⇨ **11** Kreisverkehr: 1. Ausfahrt (Regattastrecke, *Massowburg*), kurz darauf in Linkskurve in *Fritze-Bollmann-Weg* () ~ 2,9km ⇨ **12** schräg links *Freiheitsweg* () ~ 460m ⇨ **13** vor rechts *Kiefernweg* (Brielow), geht am Ende in über () ~ 1,2km ⇨ **14** in **Brielow** + geradeaus (***Abst. Schwedenlinde***: links *Hauptstraße*) (bald linksseitig , später rechtsseitig ,) ~ 2,7km ⇨ **15** in **Radewege** geradewegs in *Bungalowsiedlung* ~ 850m ⇨ **16** um + links (), gleich + rechts *Dorfstraße*, gleich schräg links *Am Hasselberg* (,) ~ 1,5km ⇨ **17** in Abfahrt + links nach **Butzow**, im Ort bald rechts Asphaltweg, kurz darauf T-Kreuzung links Asphaltweg ( ), im Verlauf mehrere , Weg knickt am Ende links ab, dann T-Kreuzung rechts ~ 2,6km ⇨ **18** in **Ketzür** + rechts *Ketzürer Dorfstraße*, am **Beetzsee** links Asphaltweg (Lünow) ~ 2,2km ⇨ **19** rechts Landstraße (Mötzow) ~ 3,3km ⇨ **20** im leichten Rechtsknick der Straße schräg links Schotterweg, geht am Wegkreuz über in Betonplatten () ~ 2,0km ⇨ **21** in **Mötzow** am Außengelände des Domstifthofs zunächst links halten, dann in Rechtskurve an Hof entlang, am Ende links (linksseitig) an Landstraße ~ 1,7km ⇨ **22** endet: auf Landstraße überwechseln (Brandenburg) ~ 3,6km ⇨ **23** in Brandenburg + rechts *Krakauer Straße* (), im weiteren Verlauf geradewegs über auf *Krakauer Straße* bleiben ~ 1,1km ⇨ **24** am **Dom** rechts *Burgweg* ~ 170m ⇨ **7** links , bald geradewegs über *Domkietz* und über Brücke ~ 360m ⇨

6 schräg links *Hammerstraße*, geht über in *Große Münzenstraße*, am Ende *Hauptstraße* links (Fahrrad frei) ~ 450m ⇨ **25** an geradewegs *Sankt-Annen-Straße* ~ 360m ⇨ **26** rechts *Der Temnitz* ~ 240m ⇨ **3** am **Pauli-Kloster** links , am Ende T-Kreuzung *Kirchhofstraße* rechts ~ 310m ⇨ **2** links *Kleine Gartenstraße* zurück zum ~ 510m ⇨ Ⓡ **Brandenburg a. d. H. Hbf**

Radeweger Erdlöcher
Radewege Siedlung
Bungal.-s.
Brielow
Hauptstr.
Pappelweg
Schwedenlinde
Mötzow
Vielfruchthof Domstiftsgut Mötzow
Wasenberg
Kiefern-weg
Freiheitsweg
Beetzsee
Fritze-Bollmann-Weg
Kl. Kreutz
Segel-flugplatz
Mötz. Landstr.
Massowburg
Silo-kanal
HAVEL
Str.
Willi-Sänger-Str.
Briel. Str.
Beetzseeu.
Krakauer
Grillend.
Gotth.-Ki.
Dom
Hauptstr.
Brandenburg a.d.H.
Arbeitsgemeinschaft »Städte mit historischen Stadtkernen« des Landes Brandenburg
Wust
B1
Stein-str.
St.Annen-S.
Kirchhofstr.
Hauptbhf
Kl. Gartenstr.
Am
Brandenburg a.d.H. Hbf
B102

Maßstab 1:59.000
0 1 2 3km
GPS-Track: www.klaras-verlag.de/tracks/Beetzseen_Storchenweg
Storchen-Radweg
Ketzür
Dorfkirche
Hasselberg
Butzow
Dorfstr.
Bäckerstr.
Ketzürer Dorfstr.
Butz.
Lünow
Beetzsee
Hasselberg
Am Hasselberg
Radewege
Trafohaus
Briel. Str.
Butz. Str.
Bungal.-s.
Lindenhof
Grabow
Der Sträng
Mötzow
Vielfruchthof Domstiftsgut Mötzow
Wasenberg
Beetzsee
Kl. Kreutz
Segelflugplatz
Mötz. Landstr.
HAVEL
Str.
Ausschnitt Brandenburg a.d.H.
Grillendamm
Gotth.-Ki.
Havel
Dom St. Peter und Paul
Burgweg
Petriki.
Krak. Str.
Domlinden
Näthe
Dom-kietz
Hammerstr.
Schule
winde
Mühlend.
Packhofstr.
Gr. Münzenstr.
Mühlentorturm
Molkenm.
Katharinenki.
Sankt-Annen-Str.
Steinstr.
Der Temnitz
Stadtkanal
Steintorturm
Pauli-Kloster
straße
Kirchhof-
Kl. Gartenstr.
Gr. Gartenstr.
Bauhofstraße
Hbf
Am
0 250m
Brandenburg Hbf

Altstädtisches Rathaus mit Roland

Geschichte mit Atmosphäre: Brandenburg an der Havel

Alte Städte gibt es eine große Zahl in Brandenburg, große, im Mittelalter überregional bedeutsame Städte dagegen nur wenige. Sie lagen an den Kreuzungen großer Handelswege, hatten oft eine strategische Bedeutung und sollten den Machtanspruch seiner Gründer festigen und demonstrieren – so wie die Stadt Brandenburg an der Havel. Sie ist reich an Zeugnissen der Vergangenheit. Liebhaber mittelalterlicher Architektur kommen ebenso auf ihre Kosten wie diejenigen, die die Atmosphäre kleiner, verwinkelter Gassen, riesiger Kirchen und geschlossener, abwechslungsreicher Bebauung erleben möchten. Die Stadt hat noch mehr Reize, denn sie liegt am Wasser. An der Mündung der Beetzseen in die Havel haben sich mehrere Inseln und Wasserarme entwickelt, die das Flair der Stadt weiter steigern. Promenaden am Wasser, weite Blicke, hin und wieder sogar der Ruf wilder Gänse – einmalig. Dass sich das Wasser auch vom Ausflugsschiff oder Paddelboot erkunden lässt, ist längst kein Geheimnis mehr.

Genau genommen gibt es nicht nur eine Altstadt, sondern drei: die Altstadt, die Neustadt und die Dominsel. Handfeste Machtinteressen führten zu dieser ungewöhnlichen Stadtstruktur, die erst durch die schützenden Wasserläufe und die vor Hochwasser sicheren Inseln darin möglich wurde.

★ **Neustadt:** Katharinenkirche, Pauli-Kloster, Stadtmauer, Mühlen- und Steintorturm, hist. Bebauung, Fritze-Bollmann-Brunnen
Altstadt: Altst. Rathaus mit Roland, Gotthardt-Kirche, Johannis-Kirche, Rathenower- und Plauer Torturm, Stadtmauer, Frey-Haus (Stadtmus.), hist. Bebauung
Dominsel: Dom St. Peter und Paul mit Klosterbauten
weiterhin: Slawendorf, Nikolaikirche, Friedenswarte

M Archäologisches Landesmuseum, Dom-Museum, Stadtmuseum, Slawendorf, Straßenbahnmuseum

i Neustädtischer Markt 3 (stg-brandenburg.de)

Pfaffe-Kai, Friedenswarte, Kath.-Ki.

Humboldthain

Rotbuchen im Humboldthain, Sumpfzypressen Grillendamm

Badestrand Grillendamm (Havel)

Fischverkauf Mühlend., Hauptstraße, Bäckerstraße, Altstädtische Große Heidestraße, Altst. Kietz

u.a. Domcafé, am Pauli-Kloster und am Altstädtischen Rathaus

RE1 (Eisenhüttenstadt / Frankfurt [O.] - Berlin - Potsdam - Brandenburg / Magdeburg) oder RB51 (Rathenow - Brandenburg)

A2 (Berl. Ring A10 - Magdeburg) bis ASt Brandenb. a. d. H. und mit den Hinweisen in die Stadtmitte

P mehrere Gelegenheiten

Mühlendamm mit Mühlentorturm (links) und Dom (rechts)

Detail der Katharinenkirche

Die Stadt Brandenburg ist die Wiege des Landes, hier wurde die erste Kirche östlich der Havel erbaut und bildete sich mit dem Dom das Zentrum des Bistums Brandenburg. Zunächst wurde die in der Altstadt gelegene Gotthardtkirche als Bischofskirche des Prämonstratenser-Stifts genutzt. Mit dem Bau des Domes 1165 siedelten die Mönche auf die Dominsel über. Gegen Ende des 12. Jahrhunderts wird die Gründung der Neustadt erfolgt sein. Alle Stadtkerne erhielten eine Befestigung aus Mauer und Türmen, von denen noch beachtliche Reste erhalten sind. Alt- und Neustadt waren bis ins 18. Jahrhundert selbständig und besaßen eigene Rathäuser. Der Roland stand ursprünglich auf dem Neustädtischen Markt, wurde im Zweiten Weltkrieg ausgelagert und später an der heutigen Stelle aufgestellt.

Der Zweite Weltkrieg hat in einigen Quartieren der Stadt schwere Wunden gerissen, etwa rund um den Neustädter Markt, wo neben dem Rathaus die prächtigsten Bürgerhäuser standen, doch ist die alte

★ Altstadtführungen
Mai - Sep tägl. 11 Uhr (1 Std)
sowie Sa + So 14 Uhr (ca. 3 Std)
Treff Fritze-Bollmann-Brunnen

Bootsverleih am Pfaffe-Kai
Mo-Do 10-18 Uhr, Fr-So 10-20 Uhr
am-pfaffe-kai.de

Stadt so groß, dass noch heute der Reiz der mittelalterlichen Architektur und des historischen Stadtgrundrisses erlebt werden kann.

Im 19. Jahrhundert entwickelte sich u.a. die Stahlindustrie, und Brandenburg blühte auf. Mit der Wende brach dieser Industriezweig weg, dafür schlug die Stunde der Stadtkerne. In DDR-Zeiten wenig beliebt und zunehmend dem Verfall preisgegeben, wurden große Anstrengungen zum Erhalt der Substanz, der Wohnhäuser, der öffentlichen Gebäude, Schutzanlagen, Kirchen und Klöster, der Wege, Straßen und Plätze unternommen. Vom Ergebnis kann sich jeder selbst ein Bild machen.

Brandenburger Original: Fritze Bollmann

Marienberg
Friedenswarte
W.-Sänger-Str.
Rath. Str.
Brielower Str.
Gerostraße
Ziegelstr.
straße
Grillendamm
Krakauer Str.
Badestrand
Sumpf-zypressen
Burg-mühle
Gotthardt-Kirche
Fisch
Rathenower Torturm
Mühlentor-
Havel
Altstadt
Dominsel
Dom St. Peter und Paul
Burgweg
Petrikirche
Domlinden
Parduin
Klinikum
Wallpromenade
Altst. Markt
Altst. Rathaus
Roland
Bäcker-str.
Domkietz
St. Petri
Mühlendamm
Stadtkanal
Plauer Torturm
Plauer Str.
Stadtmus.
Ritterstr.
Jahrtausend-brücke
Klosterstr.
Johannis-kirche
Pfaffe-Kai
Mühlentorturm
Nikolaipl.
Humboldthain
Puschkin-park
Nikolai-kirche
Slawendorf
Fritze-Bollm.-Brunnen
Gr. Münzenstr.
Deutsches Dorf
Neustadt
Am Salzhof
Molkenm.
Neust. M.
Neuendorfer Str.
Havelstraße
geplant
Katharinen-kirche
Sankt-Annen-Str.
Luckenb. Str.
Kanalstraße
Brandenburger Theater / CCC
Wollenweberstr.
Kurstraße
Steinstraße
Paulin.-Der str.
Theater-Park
Straßenbahn-museum
Neustädtische Heidestr.
Archäolog. Landes-mus.
Temnitz
Pauli-Kloster
St. Annen Pr.
Steintorturm
Wredowstr.
Jungfernsteig
straße
Kirchhof-
Geschw.-Scholl-Str.
Neustädtischer Friedhof
Brandenburg a.d.H.
Arbeitsgemeinschaft »Städte mit historischen Stadtkernen« des Landes Brandenburg
Große Gartenstraße
Kleine Gartenstraße
Bauhofstraße
Wilhelmsd. Str.
Jakobsgr.
Ges.-Zentr.
Am Hauptbahnhof
Brandenburg Hbf
mittelalterliche Stadtmauer
Maßstab ca. 1:14.000
0
500
1000m

Um das Havelland, einen der bekanntesten Landstriche Brandenburgs, ranken sich unzählige Sagen und Geschichten. Eine spinnt sich um das Adelsgeschlecht derer von Bredow, das einstmals im Havelland in vielen Orten ansässig war und erklärt die Entstehung einiger Ortsnamen.

Die Bredows und das Havelland

Früher gab es in fast jedem Dorf des Havellandes ein Guts- oder Herrenhaus, und die Adligen genossen das Leben in angenehmer Weise.
Der Teufel verfolgte dieses Geschehen eine Zeitlang und bemerkte dabei auch die Dorfbewohner, die ein schweres Leben führten. Als dem Teufel das Treiben zu bunt wurde, nahm er einen großen Leinensack, zog durch das Havelland und steckte alle Gutsherren und Edelleute hinein. Der Sack wurde voller und voller, und der Teufel lud ihn immer auf den Rücken, um damit weiter zu fliegen. Sein Gepäck wurde jedoch so schwer, dass der Sack schließlich am Kirchturm von Fehrbellin hängen blieb. Der Sack riss an der Kirchturmspitze auf, und die Bredows, die zuunterst lagen, fielen nacheinander heraus. Der älteste Bredow ließ sich gleich in dem Ort nieder, in dem er wieder festen Boden unter den Füßen hatte. Dem glücklichen Umstand seiner Befreiung wegen nannte er den Ort „Friesack". Seine Brüder zogen ins Land hinaus, um sich eine neue Bleibe zu suchen. „Geht bess hin" wies ihnen der Älteste den Weg, und so nannte einer seiner Brüder sein neues Quartier Pessin. Die anderen liefen längere Zeit „denselben Weg lang", und so war der Ortsname„ Selbelang" geboren. Der vierte Bredow ging nach „rechts zu" und gründete Retzow. Der Rest zog auf eines der Ländchen, ging also landeinwärts. So entstand das Dorf Landin. Ein eher bequemer Bredow blieb gleich dort, wo er landete. Er sagte: „Hier bleib ich gerne" und baute Görne. Im Sack verblieben waren zwei ängstliche Bredows. Der eine rief dem anderen verzweifelt zu: „Mach das Loch zu, stech es zu!". Doch beide purzelten hinaus und nannten ihre neuen Orte Lochow und Stechow.

Das Havelland um Ribbeck

47 km

Das Havelland gehört zu den reizvollsten Landschaften Brandenburgs. Es reicht zwar bis nach Berlin hinein, die typische Weite ist aber nur im Märkischen zu erleben – etwa in der Umgebung von Ribbeck.
Der große Wanderer und Dichter Theodor Fontane hat sowohl dem Dorf als auch der Landschaft ein literarisches Denkmal gesetzt. Kein literarisches Denkmal ist die Bezeichnung „Schüssel Brandenburgs“ für das Havelland: Drei eiszeitliche Urstromtäler treffen sich in der Region, und so ist der Boden hier von Natur aus sehr feucht. Die Havel und ihre Zuflüsse bringen mitunter viel Wasser in die Region, richtig viel wird es jedoch, wenn die Elbe Hochwasser hat. Dann fließt Wasser aus der riesigen Elbe in die vergleichsweise kleine Havel und flussaufwärts ins Havelland. Rodungen und Entwässerung machen die Region heute landwirtschaftlich sehr wertvoll. Für das Auge überaus reizvoll sind aus der flachen Aue ragende Hügel und Erhebungen – manche klein, manche größer, einige sogar so groß, dass sie einen besonderen Namen tragen wie das Ländchen Friesack oder das Land Nennhausen. Sicher vor Hochwasser, wurden hier die ersten Siedlungen erbaut, wovon die alten Kirchen zeugen. Ein Zeugnis der einträglichen Landwirtschaft sind die Gutshäuser, die in etlichen Orten zu entdecken sind – allen voran das Schloss Ribbeck als schmucker Teil einer ganzen Gutsanlage. Doch nicht nur diese, der ganze Dorfkern mit der Kirche und dem bekannten Birnbaum wurde in den letzten Jahren restauriert. Wer hier vorbeikommt, sollte Zeit mitbringen, es lohnt sich.

Schloss Ribbeck

Schwedenturm, Kirche und Park Wagenitz, Schloss, Kirche und Fintelmannhaus Senzke, Kirche Kriele, Papiermanufaktur Schloss Kriele (pappenstil.de), Dorfkirchen Kotzen und Damme, Dorfkirche u. Gutshof Liepe, Kirche und Schloss Pessin, Kirche Selbelang, Kirche, Birnbaum und Schloss Ribbeck (vonribbeck.de, schlossribbeck.de), Familienfriedhof von Ribbeck, Pfarrhaus Ribbeck mit Pfarrgarten

Wagenitz, Liepe, Selbelang, Ribbeck

zwischen Senzke und Kriele, Kriele und Kotzen, vor Pessin

Fleisch und Wurst Damme (Mi-Sa), Gutshof Liepe (gutshof-liepe.de)

Bienenmuseum Möthlow (Abst.) Mi und Sa und nach Vereinbarung

Barfußpfad Ribbeck

Gutshof Liepe (gutshof-liepe.de), Kinderbauernhof Marienhof (geöffnet März-Dez)

Wagenitz, Kriele, Gutshof Liepe, Pessin, Retzow, Ribbeck mehrere Gelegenheiten (u.a. Alte Schule; alteschule-ribbeck.de), Marienhof

RE2 (Cottbus - Berlin - Wittenberge / Wismar) bis Paulinenaue

B5 (Berlin - Nauen - Friesack) und zwischen Selbelang und Pessin nach Paulinenaue abbiegen

Am Bahnhof Paulinenaue

Nur wenige Tritte sind es, um vom **Bahnhof Paulinenaue** aufs Land hinauszukommen. Passend zur zunächst etwas größeren Straße säumen dicke Alleebäume die Strecke. Ab dem **Großen Havelländischen Hauptkanal** sind es dünnere Weiden – der Weg ist auch ein kleinerer Betonplattenweg. Dieser bringt uns langsam aus der Havelaue hinaus und auf die ersten Ausläufer des Ländchens Friesack. Vor Hochwasser sicher wurde hier der Ort **Wagenitz** gegründet, der vielerlei Sehenswertes hat: Den Schwedenturm, ein inzwischen frei stehender Rauchabzug eines Küchengebäudes, den Schlosspark mit wieder hergestellten Wegen und die Dorfkirche. Einzig das Schloss fehlt, es wurde nach dem Zweiten Weltkrieg abgetragen.

Über die B5 hinweg, sind wir bereits in **Senzke** angekommen. Hier wird das Schloss derzeit aufpoliert, reizvoll sind auch das Fintelmannhaus und ihm gegenüber die Dorfkirche, zu dem eine Reihe Maulbeerbäume führt. Im Ort kommt der Havellandradweg hinzu, und auf ihm radeln wir nun weiter durch eine abwechslungsreiche Landschaft. Typisch Fernradweg: Infotafeln säumen die Strecke, Rastplätze und Hinweise auf Einkehrmöglichkeiten. In **Kriele** an der noch aus gotischer Zeit stammenden Dorfkirche und dem von Bäumen verdeckten Schloss entlang, bringt uns die Trasse der früheren westhavelländischen Kreiskleinbahn nach **Kotzen**. Hier trennen wir uns vom Havellandradweg und nehmen einen für die Region typischen Betonplattenweg. Durchs platte Land, erklimmen wir nach einigen Kilometern den Hügel, auf dem **Damme** thront. Weiter im Schatten von Alleebäumen einer Landstraße, kommen wir nach **Liepe** – ein interessanter Ort mit vielen Zielen, so Gutshaus, Park, Kirche, Hofladen und Einkehr. Und, wir kennen

Schwedenturm mit Storchennest

es bereits: Nach einer Abfahrt surren wir wieder durch flaches Land. Bis in den nächsten Ort, ***Möthlow***, bekannt durch das Bienenmuseum, schaffen wir es nicht ganz: Über gut zu fahrende Landwirtschaftswege treffen wir wieder auf den Havellandradweg, dem wir nach **Pessin** folgen. An einem idyllischen Rastplatz vorbei, zweigen wir noch vor der sehenswerten Ortsmitte nach **Retzow** ab. Etwas später ist **Selbelang** erreicht, das direkt an der B5 liegt. Entlang der Bundesstraße, aber auf einem Radweg, kommen wir schließlich nach **Ribbeck** – hoffentlich mit genügend Zeit, denn der Ort hat kaum weniger Attraktionen als manch märkische Kleinstadt: Schloss, Kirche mit Birnbaum, Pfarrhaus mit -garten, alte Schule, Brennerei und: den Einstieg in den beliebten Barfußpfad zum Marienhof. Wir erreichen den **Marienhof** dagegen per pedale und treffen kurz darauf auf eine größere Landstraße, die uns nach **Paulinenaue** zurückbringt.

1 **R** **Paulinenaue**: aus Richtung Berlin mit durch Bahntunnel (! an den Ecken klingeln!) auf westliche Seite (altes Bahnhofs-Empfangsgebäude), am Ende rechts *Bahnhofstraße* (Wagenitz) ~ 2,6km ⇨ **2** hinter **Großem Havelländischen Hauptkanal** links Betonplattenweg (Wagenitz) ~ 3,4km ⇨ **3** in **Wagenitz** STOP + links *Brädikower Weg*, bald mit Vorfahrtregelung rechts *Zum Schwedenturm* (dabei links ***Abst. Schwedenturm u. Park***) ~ 1,2km ⇨ **4** STOP + geradewegs über B5 ~ 1,7km ⇨ **5** durch **Senzke** zunächst mit Vorfahrtregelung, dann schräg links *Krieler Landweg* (Kriele) ~ 4,2km ⇨ **6** in **Kriele** an Dorfkirche links *Bahnhofstraße* (Kotzen) ~ 440m ⇨ **7** rechts Asphaltweg (Kotzen) ~ 2,9km ⇨ **8** in **Kotzen** STOP + links *Dorfstraße* (damit verlassen) ~ 470m ⇨ **9** am *Dorfplatz* schräg links *Am Park* und gleich darauf (auf Höhe des Trafohäuschens) links Betonplattenweg ~ 5,0km ⇨ **10** nach Anstieg und Rechtsknick des Plattenwegs in **Damme** am kleinen Feuerlöschteich links, kurz darauf ▽ + geradewegs *Dammer Dorfstraße*, im weiteren Verlauf durch **Liepe** ~ 6,2km ⇨ **11** kurz vor ***Möthlow*** scharf links Landwirtschaftsweg (Verbundpflaster, kein Hinweis, frei) ~ 2,1km ⇨ **12** geradewegs Asphaltweg (Pessin) ~ 2,3km ⇨ **13** in **Pessin** *Retzower Weg* rechts (Retzow) ~ 1,9km ⇨ **14** in **Retzow** ▽ + rechts ***Brandenburger Straße***, kurz darauf im Rechtsknick der Vorfahrtstraße links *Selbelanger Weg* (Selbelang) ~ 2,3km ⇨ **15** vorsichtig über B5 und rechts ~ 2,8km ⇨ **16** in **Ribbeck** kurz hinter links *Theodor-Fontane-Straße* (historischer Ortskern) und am **Schloss** und Anger mit Kirche und ***Birnbaum*** vorbei, dann an Gabelung links (Kinderbauernhof) ~ 550m ⇨ **17** hinterm **P** geradewegs um auf neben Straße ( ), nach einiger Zeit mündet in Straße, später am **Kinderbauernhof Marienhof** vorbei ~ 2,8km ⇨ **18** ▽ + links (Paulinenaue) ~ 3,3km ⇨ **19** in **Paulinenaue** am Abzweig der Landstraße nach Pessin auf linksseitigen der *Bahnhofstraße* ( ) zum ~ 680m ⇨ **R** **Paulinenaue**

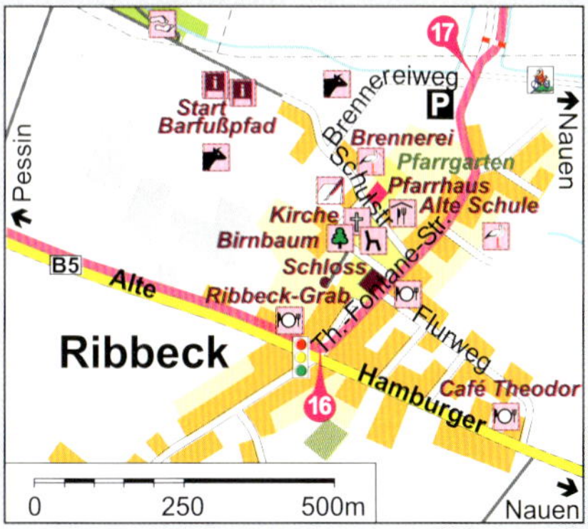

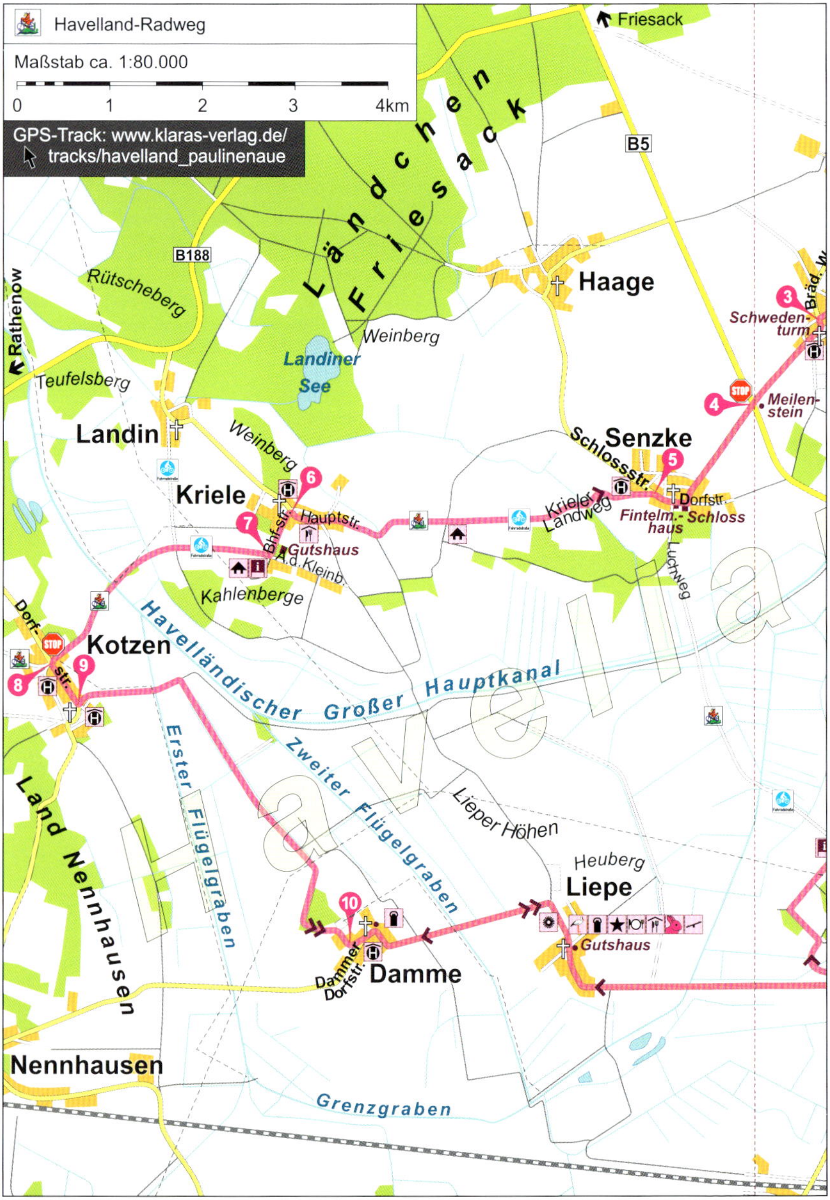

Havelland-Radweg
Maßstab ca. 1:80.000
0 1 2 3 4km
GPS-Track: www.klaras-verlag.de/tracks/havelland_paulinenaue
Friesack
B5
B188
Ländchen Friesack
Rütscheberg
Rathenow
Teufelsberg
Weinberg
Landiner See
Haage
Schweden-turm
Bräd. W
Meilen-stein
Senzke
Schlossstr.
Dorfstr.
Fintelm.-haus
Schloss
Luchweg
Krieler Landweg
Landin
Weinberg
Kriele
Hauptstr.
Bhf.-str.
Gutshaus
A.d.Kleinb.
Kahlenberge
Kotzen
Dorf-str.
Havelländischer Großer Hauptkanal
Erster Flügelgraben
Zweiter Flügelgraben
Lieper Höhen
Heuberg
Liepe
Gutshaus
Damme
Dammer Dorfstr.
Land Nennhausen
Nennhausen
Grenzgraben
Havelland
1 2 3 4 5 6 7 8 9 10

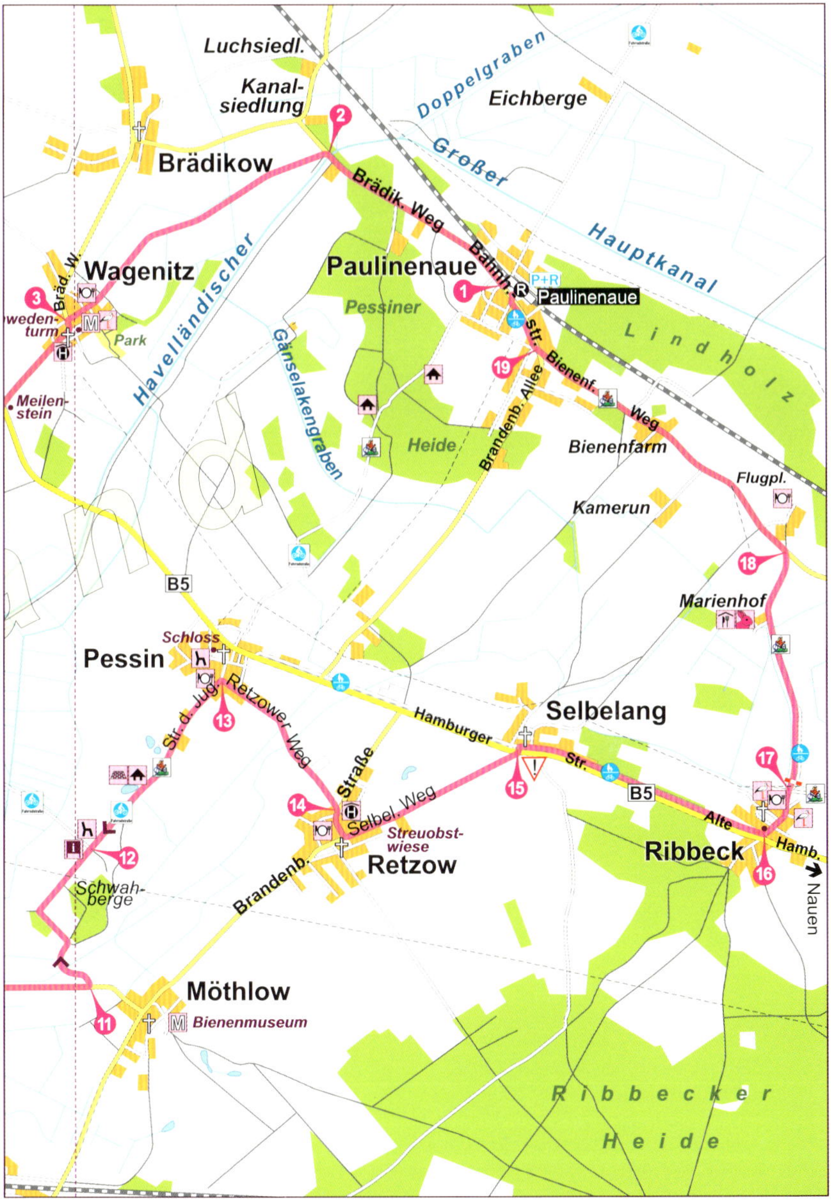
Luchsiedl.
Kanal-
siedlung
Doppelgraben
Eichberge
Brädikow
Großer
Brädik. Weg
Hauptkanal
Wagenitz
Bräd. W.
Paulinenaue
Bahnh.
P+R
Paulinenaue
Pessiner
Lindholz
weden-
turm
Park
Havelländischer
Gänselakengraben
Str.
Bienenf.
Weg
Meilen-
stein
Heide
Brandenb. Allee
Bienenfarm
Flugpl.
Kamerun
B5
Marienhof
Schloss
Pessin
Str. d. Jug.
Retzower Weg
Hamburger
Selbelang
Str.
Straße
B5
Alte
Selbel. Weg
Streuobst-
wiese
Retzow
Brandenb.
Ribbeck
Hamb.
Nauen
Schwah-
berge
Möthlow
Bienenmuseum
Ribbecker
Heide
1
2
3
11
12
13
14
15
16
17
18
19

Info

Herr von Ribbeck auf Ribbeck im Havelland (Theodor Fontane, 1889)

Der Birnbaum in der nunmehr dritten Generation vor der Ribbecker Dorfkirche.

Herr von Ribbeck auf Ribbeck im Havelland,
ein Birnbaum in seinem Garten stand.
Und kam die goldene Herbsteszeit
und die Birnen leuchteten weit und breit,
da stopfte, wenn's Mittag vom Turme scholl,
der von Ribbeck sich beide Taschen voll.
Und kam in Pantinen ein Junge daher,
so rief er: „Junge, wiste 'ne Beer?"
Und kam ein Mädel, so rief er: „Lütt Dirn,
kumm man röwer, ick hebb 'ne Birn."

So ging es viele Jahre, bis lobesam
der von Ribbeck auf Ribbeck zu sterben kam.
Er fühlte sein Ende, 's war Herbsteszeit,
wieder lachten die Birnen weit und breit;
da sagte von Ribbeck: „Ich scheide nun ab.
Legt mir eine Birne mit ins Grab."
Und drei Tage d'rauf, aus dem Doppeldachhaus,
trugen von Ribbeck sie hinaus.
Alle Bauern und Büdner mit Feiergesicht
sangen „Jesus meine Zuversicht",
und die Kinder klagten, das Herze schwer:
„He is dod nu. Wer giwt uns nu 'ne Beer?"
So klagten die Kinder. Das war nicht recht -
Ach, sie kannten den alten Ribbeck schlecht.
Der Neue freilich, der knausert und spart,
hält Park und Birnbaum strenge verwahrt.
Aber der Alte, vorahnend schon
und voll Misstrauen gegen den eigenen Sohn,
der wusste genau, was damals er tat,
als um eine Birn' ins Grab er bat,

Und im dritten Jahr aus dem stillen Haus
ein Birnbaumsprössling sprosst heraus.
Und die Jahre gehen wohl auf und ab,
längst wölbt sich ein Birnbaum über dem Grab.
Und in der goldenen Herbsteszeit
leuchtet's wieder weit und breit.
Und kommt ein Jung' übern Kirchhof her,
so flüstert's im Baume: „Wiste 'ne Beer?"
Und kommt ein Mädel, so flüstert's: „Lütt Dirn,
kumm man röwer, ick gew' di 'ne Birn."
So spendet Segen noch immer die Hand
des von Ribbeck auf Ribbeck im Havelland.

Fontane-Denkmal in Neuruppin

Barfuß durchs Havelland

2 / 4,5km

Barfußwandern ist in. Es ist ein besonderes Erlebnis, ohne Schuhwerk zu laufen, die Kälte oder Wärme des Bodens zu spüren, die Schritte auf weichen oder spitzen Untergrund zu setzen. Wer das Barfußlaufen in freier Natur kennen lernen möchte, ist in Ribbeck bestens aufgehoben. Die Strecke ist mit zwei Kilometern nicht allzu lang, dennoch sehr abwechslungsreich. Am Ende lockt zudem nicht nur eine Einkehr, sondern auch die Möglichkeit, die Füße zu waschen, reizvoll an einer Pumpe unter lichten Weidensträuchern.
Der Ribbecker Barfußpfad ist mit verschiedenen Stationen gespickt, was vor allem Kinder und Familien begeistert. Balancieren, Krabbeln, auch eine wassergefüllte Senke, die Schweinekuhle, liegt an der Strecke. Seit kurzem sieht man sogar Barfußgänger mit einem Quiz-Fragebogen in der Hand. Er ist sowohl in der Alten Schule in Ribbeck als auch am Kinderbauernhof Marienhof erhältlich, weitere Infos ebenso. Im Marienhof locken nicht nur Tiere zum Beobachten und Anfassen, sondern auch eine Einkehr sowie eine Wasserpumpe unter lauschigen Weiden, an der die schmutzigen Füße blitzeblank gewaschen werden können – und ein Maislabyrinth. Für den Unterhalt des Pfades und den Aufbau weiterer Stationen erbitten die Betreiber, ein Verein aus Ribbeck, eine Spende. Offen ist der Pfad vom Frühjahr bis zum Herbst.

- 1 Barfußpfad (barfusspfad-ribbeck.de)
- ★ Schloss und Kirche Ribbeck, Pfarrhaus mit Pfarrgarten, Brennerei
- Kinderbauernhof Marienhof (Mär - Dez, marienhof-ribbeck.de)
- am Barfußpfad
- u.a. Schloss und Alte Schule in Ribbeck, Kinderbauernh. Marienhof
- Stumpf des alten Birnbaums in der Kirche, junger Birnbaum davor
- in Ribbeck
- Radtour ab Paulinenaue (⇨ S. 119)
- B5 (Berlin - Nauen - Friesack) bis Ribbeck, dort in die Theodor-Fontane-Straße abbiegen
- P am Brennereiweg

Alte Schule in Ribbeck

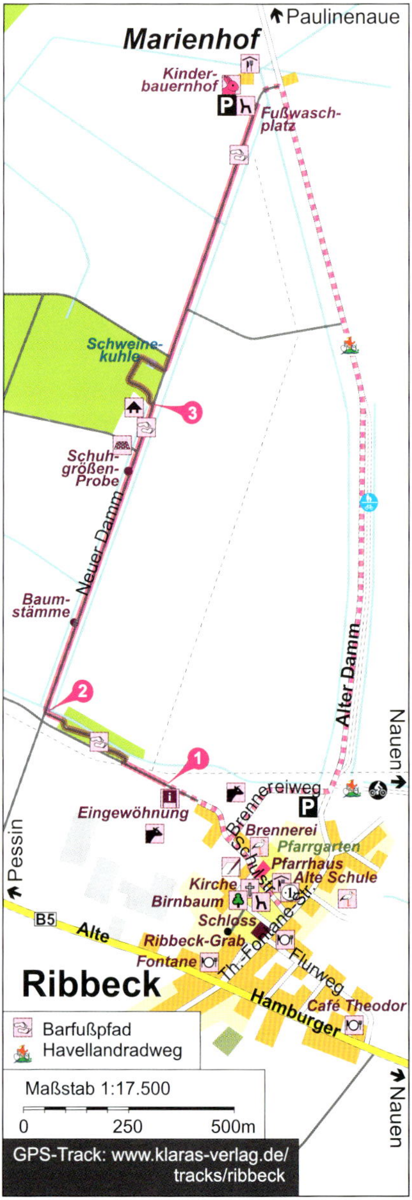

Dorfanger Ribbeck, *Schulstraße* an Kirche und Brennerei vorbei und um Scheune (Kinderbauernhof und Barfusspfad) zum ~ 500m ⇨ ❶ **Startpunkt** (i): geradewegs am Fahrweg entlang, bald rechts in den **Wald** ~ 370m ⇨ ❷ **Feldweg** rechts (Barfußpfad links des Fahrwegs) ~ 780m ⇨ ❸ links ins Wäldchen, dort über Hügel und durchs Wasserbecken, dann wieder Feldweg links zum ~ 880m ⇨ **Kinderbauernhof Marienhof**

Rückweg wie Hinweg oder über *Alten Damm* (), *Brennereiweg* und *Schulstraße* (2,1km)

Nicht alle für Ausflügler reizvollen Ziele haben wir in die beschriebenen Touren aufnehmen können. Zwei möchten wir noch erwähnen.

Funkerstadt Nauen

Das mitten im Havelland gelegene Nauen gilt als die Wiege des Rundfunks. Vor über 100 Jahren wurde vom Nauener Funkamt gemorst und der Funkkontakt zu den deutschen Kolonien gehalten. Und noch heute werden Radioprogramme ausgestrahlt.
Der mittelalterliche Stadtkern hält vieles für einen kurzweiligen Spaziergang bereit. Markant ist die St.-Jacobi-Kirche, die gemeinsam mit der Käthe-Kollwitz-Schule und dem Pfarrhaus reizvoll einen Platz säumt. Mehrere Gründerzeitbauten ziehen den Blick ebenso an wie restaurierte Fachwerkhäuser in den kleinen Gassen. Ungewöhnlich für eine märkische Altstadt: es gibt keinen Marktplatz, sondern eine Marktstraße. Vielen Besuchern der Stadt fällt zunächst das neogotische Rathaus mit der markanten Giebellaube in den Blick, das direkt an der alten B5 steht. Nähere Infos unter www.nauen.de.

Otto Lilienthal in Derwitz

Der Name Otto Lilienthal ist eng mit den ersten bahnbrechenden Erkenntnissen zum Fliegen verbunden – und mit Berlin und einigen märkischen Orten und Bergen. Ende des 19. Jahrhunderts absolvierte der Flugpionier mit selbst konstruierten und selbst gebauten Flugapparaten Flüge von über 250 Metern Weite. Er war stets auf der Suche nach geeigneten „Fliegebergen“ und fand sie in Steglitz, bei Lichterfelde – beide seinerzeit noch Vororte Berlins – und auch in Derwitz. Hier hatte er Verwandtschaft und entdeckte bei einem Ausflug den Spitzberg.
Zum 100-jährigen Jubiläum seiner Derwitzer Flugversuche wurde auf dem Spitzberg ein Denkmal eingeweiht. Im Ort sind im Lilienthalgedenkhaus, das neben der Kirche steht, u.a. Flugapparate ausgestellt und historische Fotos anzusehen.

Lilienthal-Gedenkhaus und Dorfkirche von Derwitz

Register